1 Ernährung bei Nierensteine (Nephrolithiasis)

Diese Empfehlungen bitte immer mit Ernährungsberater/in, Arzt oder Diätologen/in absprechen! Die Rezepte und Zutatenlisten unterstützen die medizinischen Therapien.

Die Kalorienangaben frischer Zutaten (Obst und Gemüse) und die Inhaltsstoffe schwanken je nach Qualität und Erntezeit. Die Inhalte wurden von einer Diätologin und einer Ernährungsberaterin für die Traditionelle Chinesische Medizin (TCM) geprüft.

Autor:
©2022 Josef Miligui
Liebe Leserinnen und Leser, ich wünsche Ihnen viel Erfolg und gutes Gelingen bei der Umstellung Ihrer Ernährung. Dieses Buch wurde aus eigener Erfahrung mit Krankheit und Ernährung geschrieben und ich habe schon immer das Zubereiten guter Speisen geschätzt. Wenn Sie nicht so geübt sind im Kochen, empfiehlt sich ein Kurs bei Ernährungsberatern oder Diätologen, die Ihnen die Grundlagen der Kochmethoden sowie die richtige Verarbeitung der Zutaten vermitteln können. Anhand der Lebensmittellisten aus diesem Buch können Sie weitere Rezepte entwickeln und entdecken.

Quelle:
Die Listen werden aus der EBNS-Datenbank für die Ernährungsberatung generiert. Die Datenbank wird von Ernährungsberater, Therapeuten und Ärzte für die Beratung der Patienten/Klienten verwendet und ermöglicht eine Kombination mehrerer Syndrome.

Literaturliste:
Wir haben die Unterlagen als Wissensbasis genutzt und an unsere Erfahrungen angepasst und ergänzt.
www.ebns.at

Herstellung und Verlag:
BoD – Books on Demand, Norderstedt
ISBN: 9783833499791

DIÄTETIK - Eiweiß und Elektrolyt - Nieren - Nierensteine (Nephrolithiasis)

(Buch: 013)

1.1 Vorwort

Die Weltgesundheitsorganisation (WHO) davon spricht, dass bis zu 80% der Erkrankungen durch äußere Faktoren wie Ernährung,

Lebensstil, Umweltgifte und dergleichen beeinflusst werden.

Welche Faktoren also jeder einzelne von uns aktiv beeinflussen kann und somit seine Chancen auf Erhöhung der allgemein Gesundheit erzielen kann, darum geht es auf den folgenden Seiten.

Der Fokus in diesem Buch liegt auf dem Faktor mit der größten Hebelwirkung - der Ernährung.
Schon Hippokrates hat einst gesagt "Lass die Nahrung deine Medizin sein und Medizin deine Nahrung!" Kräuterpädagog:innen heute sagen so: "Es gibt für jede Krankheit das richtige Kraut."

Egal wie wir es drehen und wenden, wir sind was wir essen (und was unser Essen gegessen hat). Der moderne Mensch sieht sich gerne isoliert von seiner Umwelt. Wir entstehen aus unserer Umwelt, wir leben inmitten von ihr und wenn wir sterben gehen wir wieder in unsere Umwelt über. Während wir leben essen wir das, was in unserer Umwelt wächst (oder in Fabriken chemisch erzeugt wird). Diese Nahrung liefert die Energie und Bausteine, für den eigenen Körper, für den Stoffwechsel, Zellerneuerung, den Hormonhaushalt und damit für unser gesamtes Sein, die Gesundheit und unser Empfinden.

Hier ein paar Grundbausteine, bevor in dem Buch noch näher auf Ernährungsfaktoren eingegangen wird, die sozusagen der kleinste gemeinsame Nenner der meisten Ernährungsphilosophien sind:

- Saisonalität
  - Winterpflanzen, wie zum Beispiel verschiedene Kohlgewächse, versorgen uns mit Unmengen von Vitamin C und Bitterstoffen. Zwei Faktoren, die unser Immunsystem bei der Abwehr von der Kälte und den typischen Infekten in der Winterzeit unterstützen.
  - Sommerpflanzen wie zum Beispiel Gurken, Tomaten aber auch Zitrusfrüchte kühlen unseren aufgeheizten Körper und versorgen uns mit viel Wasser.
  - Außerdem müssen bei saisonalen Pflanzen weniger chemische Helferlein eingesetzt werden, da die passenden Umweltfaktoren das Wachstum sowieso fördern.

- Regionalität
  - Damit einher geht auch der Faktor der Regionalität. Regionale pflanzliche Lebensmittel werden reif geerntet und haben somit alle Nährstoffe entwickeln können. Im Gegensatz dazu wird Obst und Gemüse aus ferneren Ländern unreif geerntet und nur durch den Einsatz von chemischen Mitteln unnatürlich "nachgereift" - bzw. nur nach-gefärbt. Die Dichte der Nährstoffe und auch der Geschmack kann dabei niemals mit regionalen Lebensmitteln mithalten. (Sie haben es vielleicht schon selber erlebt, dass eine Südfrucht aus dem jeweiligen Ursprungsland dort im Urlaub viel süßer und vollmundiger schmeckt als die gleiche Frucht aus dem zentraleuropäischen Supermarkt).
- Pflanzenbasierte Ernährung
  - Ja, diese Basis teilen selbst die Anhänger der Fleischdiät mit den Veganern. Denn bei der Fleischdiät geht es auch um Fleisch von Tieren, die sich artgerecht, sprich von vielen Gräsern und Kräutern ernährt haben. Die Masse an Getreide in der heutigen Ernährung - egal ob bei Mensch oder Tier - entspricht nicht der natürlichen Ernährungsweise. Sie macht uns krank, dick und manche behaupten sogar dumm (das weist auf die Schädigung der neuronalen Netzwerke hin, die durch den Konsum von Kohlenhydraten passiert hin). Pflanzen im Sinne von Gemüse, Kräutern, Salaten, Sprossen, in geringen Mengen Obst, Nüsse, Samen, etc. liefern neben den viel beschriebenen Vitaminen und Mineralstoffen vor allem sekundäre Pflanzenstoffe, die herausragende Heilwirkung haben. So werden eine Vielzahl unserer Medikamente auf Basis der natürlich vorkommenden Pflanzenstoffe nachgebaut. Allerdings sind da diverse Säuren und andere Wirkstoffe extrahiert und wirken nur alleine - mit den Pflanzen selbst nehmen wir sie in einer reichhaltigen und sich gegenseitig verstärkenden Kombination vielerlei wirksamer Stoffe zu uns.

Ja zusätzlich zu diesen 3 großen Punkten gibt es immer noch sehr viel zu beachten. Ein optimales Verhältnis von Omega 3 zu Omega 6 Fettsäuren (empfohlen wird 1:3), eine individuell und situationsbedingte Eiweißversorgung und so weiter.

Eine ganz gute und einfache Richtlinie für die alltägliche Ernährung bietet der ideale Teller. Der sieht so aus, dass möglichst jede Mahlzeit zur Hälfte aus pflanzlichen Bestandteilen besteht, ein Viertel der Eiweißversorgung dient und ein Viertel die Mahlzeit durch gute Fette und eventuell Kohlenhydrate abrundet.

Die Feinjustierung rund um die Zubereitungsarten, die Zusammenstellungen und so weiter sehe ich als sehr individuell an. Es gibt meines Erachtens nicht die 1 perfekte Ernährung. Es gibt so viele großartige Philosophien und Studien, die alle wunderbare Heilungen berichten und sich dabei aber gegenseitig ausschließen. Was auf den ersten Blick vielleicht paradox wirkt, eröffnet bei näherer Betrachtung ganz viele Möglichkeiten des Probierens und neuer Chancen.

Neben der Ernährung werden noch folgende Faktoren genannt:
- die Giftstoffbelastung in unserer Umwelt sowie in Pflegeprodukten oder eben in der Ernährung
- eine Balance aus Aktivität, (kurzzeitigem) Stress und der Entspannung wie auch Schlaf
- Aufarbeitung der emotionalen Wunden aus der Vergangenheit und Steigerung der Resilienz
- Biologische Zahnheilkunde
- eine optimierte Versorgung durch Heilkräuter, Heilpilze udgl.
- Früherkennung durch bewährte und schonende Verfahren

1.2 Beschreibung

Ursachen: Hypercalciurie oder Hyperurikämie, Harnwegsinfektionen, unausgewogene Ernährung (< Flüssigkeitszufuhr)
Symptome: Nierenkolik, Stauungsschmerz einhergehend mit heftigen Rückenschmerzen und Blut im Harn
Prophylaxe und Therapie:
Reichliche Zufuhr von Flüssigkeit (2-2 1/2 1 pro Tag, Ausschwemmen von Steinen in die Harnblase, anschließende Entleerung und Verminderung von konzentriertem Harn)
Je nach Steinart:
Calciumoxalatstein: ausreichende Calciumversorgung steht im Vordergrund; Oxalsäure arme Lebensmittel sind zu bevorzugen; ausreichende Flüssigkeitszufuhr;

Calciumphosphatstein: ausreichende Calciumversorgung steht im Vordergrund; phosphatarme Lebensmittel bevorzugen; ausreichende Flüssigkeitszufuhr;
Harnsäurestein: Purin arme Kost
Zystin Stein: Säfte von Zitrusfrüchten und alkoholische Getränke meiden.

1.3 Therapiestrategie

Basis der Ernährungstherapie ist eine ovo-lakto-vegetabile Kost – dh. pflanzliche Lebensmittel sind den tierischen vorzuziehen: Getreide, Bohnen, Gemüse, Nüsse und Früchte. Wichtig ist die ausreichende Flüssigkeitszufuhr und der Verzehr kalziumreicher Nahrungsmittel. Phosphat-, Purin- oder Oxalsäure haltige Lebensmittel sind je nach Steinart zu meiden.
Empfehlenswerte Getränke: Leitungswasser, Früchte- und Kräutertees, verdünnte Fruchtsäfte, Mineralwasser mit hohem Magnesiumgehalt und wenig Natrium.

1.4 Vermeiden

Große Mengen Eiweiß und Fett (besonders tierisches), Spinat, Rhabarber, Innereien, Schmelzkäse, Cola, Erdnüsse, Kakao und Schokolade sowie Schwarz- und Grüntee. Bohnenkaffee und Alkohol.

2 Speiseplan

2.1 Frühstück

Birnensaft 180,0
Brokkoli-Parmesan-Aufstrich auf Toastbrot 148,0
Champignonreis 410,0
Couscous-Salat 338,2
Cranberrisaft 43,5
Dinkel mit Obst und Nüssen 289,7
Fein gewürzte Zucchini mit Tomaten 203,2
Fenchel-Reissuppe 155,9
Frühstück - Reis mit Früchten 230,7
Gekochter Selleriesalat mit exotischen Gewürzen 165,1
Gemüse-Grieß-Suppe 198,9
Geröstete Hirse mit Pflaumenkompott 139,3
Geröstete Hirse mit Stangensellerie 400,1
Gerstenbrei mit gedünsteter Birne 113,8
Gersten-Gemüse-Suppe 281,3
Gerstenschrotsuppe 265,4
Getreidekaffee mit Kardamom 3,6
Grießbrei mit Banane 307,3
Grießsuppe mit Gemüse 105,5
Hafer-Congee 162,1
Haferflocken mit aromatischen Gewürzen 280,6
Haferflockensuppe mit Frühlingszwiebeln und Karotten ... 134,8
Herzhafter Polentabrei 262,0
Hirse mit Birnen 213,2
Karottendrink 143,0
Karotten-Risotto 308,5
Kohlrabi in Kerbelsoße mit Kartoffeln 187,7
Kürbisklößchen mit Tomaten-Petersiliensoße 380,5
Obstsaftgetränk 175,5
Polenta mit Pfirsich 197,2
Porridge mit Rosinen und Sake 427,0
Reis-Congee mit Honigbirne und schwarzem Sesam 158,9
Selleriesuppe 101,2
Tee aus Holunderblüten 7,1
Tee aus Salbei 4,7
Tee aus Wermutkraut 0,0

2.2 Jause

2.3 Mittag

2.4 Nachmittag

2.5 Abend

3 Rezepte

empfehlenswert = Sie können mehr verwenden
wenig = wenn möglich weniger verwenden
weniger als angegeben = möglichst nicht verwenden

3.1 Artischockensuppe

Fördert Appetit, entgiftet, reguliert die Verdauung, nährt Blut, erweitert Blutgefäße, sanftes Abführmittel, fördert Gewichtsabnahme, stärkt Magen-Darm-Funktion, bakterizid, beugt Krebs vor, harntreibend.

Anzahl Portionen: 3
Kalorien p. Portion 143
Gramm p. Portion 243,67
Kochdauer ca. 40 min.
Allergene: GLN
(Kohlehydrat:60,32% / Eiweiß & Fett:39,68%)
100g.≈ Eiweiß 3,3g. Fett:10,01g.
µg. - Ph:18,58 Na:43,88 Ka:39,61 Mg:18,21 Ca:61,23 Fe:0,29 Zn:0,03 Col.:0,73 Hsr.:11,24

Zutaten:
Artischocke 4 Stück / 400g. (ja)
Butter Bio 1 EL / 20g. (wenig)
Zwiebel Schalotte 1 Stück / 20g. (ja)
Mais Mehl (Maizena) 1 EL / 10g. (ja)
Muskatnuss 1 Prise / 0,5g. (ja)
Grundrezept für eine Gemüsebrühe nahrhaft 1/4 Liter / 250g. (ja)
Salz 1 Prise / 0,5g. (wenig)
Zitrone 1/4 Stück / 8g. (ja)
Zitrone Schale 1/4 Stück / 1g. (ja)
Kurkuma (Gelbwurz) 1 Prise / 1g. (ja)
Sesam Paste (Tahini) 1 EL / 10g. (ja)
Sesam, Weißer 1 TL / 10g. (ja)

Kochanleitung:
Artischocken in gut 2 l gesalzenem Wasser kochen, bis die Außenblätter leicht abgehen. Blätter und faserige Blütenmitte entfernen, so dass nur der Boden übrigbleibt. Butter zerlassen, Zwiebel klein schneiden und leicht andünsten. Etwas Maismehl und Muskat zugeben und mit Gemüsebrühe aufgießen. Salz, etwas Zitronenschale und -saft, Kurkuma und Artischockenböden hinzufügen, weich kochen und pürieren. Am Ende mit Tahin abschmecken und vor dem Servieren mit Sesam bestreuen.

3.2 Basmatireis + Zucchini-Tofupfanne

Harntreibend, harmonisiert Milz und Magen, lindert Blähungen. Gut bei Übergewicht und Bluthochdruck. Antioxidativ, fördert Verdauung, entgiftet, stärkt Säfteproduktion, treibt Schweiß, reduziert Blutfett, stärkt Magen.

Anzahl Portionen: 4
Kalorien p. Portion 146
Gramm p. Portion 306,75
Kochdauer ca. 20 min.
Allergene: E
(Kohlehydrat:56,62% / Eiweiß & Fett:43,38%)
100g.≈ Eiweiß 7,95g. Fett:4,89g.
µg. - Ph:13,21 Na:0,7 Ka:33,77 Mg:10,99 Ca:11,98 Fe:0,34 Zn:0,02 Col.:0 Hsr.:7,75

Zutaten:
Soja Tofu 250 g. / 250g. (wenig)
Olivenöl 2 EL / 6g. (ja)
Koriander 1/2 TL / 4g. (ja)
Ingwer frisch 1/2 TL / 4g. (ja)
Reis Basmatireis 1/2 Tasse / 60g. (ja)
Wasser 3 Tassen / 200g. (ja)
Zucchini 1 Stück / 700g. (ja)

Kochanleitung:
Tofu würfelig schneiden und mit Olivenöl, Tamari, zerstoßenem Koriander und Ingwer marinieren und mindestens 1 Std. ziehen lassen. Basmatireis im Wasser kochen und evtl. mit Zwiebel und Kardamom würzen. Zucchini und Tofu in einer Pfanne in heißem Öl ca. 5-7 Min. rösten und auf Tellern getrennt vom Reis anrichten. Petersilie drüberstreuen. Kann auch kalt als Salat für zuhause oder unterwegs verwendet werden.

3.3 Birnensaft

Fördert Verdauung, harntreibend.

Anzahl Portionen: 2
Kalorien p. Portion 180
Gramm p. Portion 300
Kochdauer ca. 5 min.
(Kohlehydrat:93,06% / Eiweiß & Fett:6,94%)
100g.≈ Eiweiß 1,8g. Fett:1,2g.
µg. - Ph:7,5 Na:1 Ka:62,5 Mg:3,5 Ca:4,5 Fe:0,15 Zn:0,05 Col.:0 Hsr.:7,5

Zutaten:
Birne 3 Stück / 600g. (ja)

Kochanleitung:
Bio-Birnen mit Schale (Vitamine sind vor allem unter der Schale) vierteln, entkernen und in der Saftpresse entsaften.

3.4 Blattsalat mit Frischkäse

Die Bitterstoffe besitzen eine galle- und harntreibende Wirkung und fördern die Durchblutung im Verdauungstrakt mit deutlicher Verbesserung der gesamten Verdauungsfunktion. Senf verbessert Schilddrüsenfunktion und lindert rheumatische Beschwerden.

Anzahl Portionen: 1
Kalorien p. Portion 802
Gramm p. Portion   260,5
Kochdauer ca.   5 min.
Allergene: AFM
(Kohlehydrat:20,86% / Eiweiß & Fett:79,14%)
100g.≈ Eiweiß 22,11g. Fett:52,98g.
µg. - Ph:138,56 Na:312,5 Ka:257,23 Mg:28,83 Ca:84,45 Fe:0,54 Zn:0,48 Col.:0,06 Hsr.:14,62

Zutaten:
Blattsalate (bitter) 2 Portionen / 60g. (ja)
Frischkäse aus Soja 150 g. / 150g. (ja)
Senf 1 Messerspitze / 1g. (ja)
Zitrone Saft 1 Schuss / 3g. (ja)
Salz 1 Prise / 1g. (wenig)
Pfeffer gemahlen 1 Prise / 0,5g. ()
Kräuter verschiedene 2 TL / 4g. (ja)
Schwarzkümmel 1 Prise / 1g. (ja)
Vollkornbrot 2 Scheiben / 40g. (ja)

Kochanleitung:
Blattsalat waschen und klein zupfen. 150 g Frischkäse, etwas Senf, einen Spritzer Zitronensaft, 1 Zehe Knoblauch, gehackte frische Kräuter, eine Prise Pfeffer und zerstoßenen Schwarzkümmel verrühren und über den Salat geben. Dazu Vollkornbrot reichen.

3.5 Blitzschnelle Zucchinisuppe

Harntreibend, stärkt Magen-Darm-Funktion, erweitert Blutgefäße, bakterizid, beugt Krebs vor, beugt Krankheiten vor (bei älteren Menschen), regt Leberfunktion an, entgiftet.

Anzahl Portionen: 4
Kalorien p. Portion 42
Gramm p. Portion 241,5
Kochdauer ca. 10 min
(Kohlehydrat:46,03% / Eiweiß & Fett:53,97%)
100g.≈ Eiweiß 1,77g. Fett:2,05g.
µg. - Ph:3,81 Na:0,41 Ka:29,78 Mg:3,2 Ca:5,37 Fe:0,22 Zn:0,01 Col.:0 Hsr.:2,85

Zutaten:
Zucchini 2-3 Stück / 500g. (ja)
Zwiebel weiss 1 Stück / 50g. (ja)
Maiskeimöl 2 EL / 6g. (ja)
Petersilie 1 EL / 7g. (ja)
Lauchzwiebel Schnittlauch 1 TL / 3g. (ja)
Wasser 1/2 Liter / 400g. (ja)

Kochanleitung:
Gehackte Zwiebel in Öl andünsten. In Scheiben geschnittene Zucchini zufügen und gut andünsten. Mit Wasser aufgießen. Petersilie und Schnittlauch grob gehackt zufügen und alles pürieren.

3.6 Brokkolicrèmesuppe

Gegen Thrombose, fördert Schilddrüsenfunktion, stärkt das Immunsystem, fördert Aufbau und Erhalt von gesunden Knochen, Zähnen, Haaren und Nägeln. Senkt Blutdruck, bakterizid, beugt Krebs vor, reduziert Strahlenverletzungen.

Anzahl Portionen: 6
Kalorien p. Portion 98
Gramm p. Portion 251,25
Kochdauer ca. 30 min.
Allergene: LO
(Kohlehydrat:78,7% / Eiweiß & Fett:21,3%)
100g.≈ Eiweiß 4,18g. Fett:1,91g.
µg. - Ph:6,81 Na:2,68 Ka:26,22 Mg:8,36 Ca:32,5 Fe:0,16 Zn:0,01 Col.:0 Hsr.:2,7

Zutaten:
Olivenöl 2-3 EL / 7g. (ja)
Brokkoli 500 g. / 500g. (ja)
Karotte (Mohrrübe, Möhre) 2 Stück / 150g. (ja)
Kartoffel 2 Stück / 120g. (ja)
Zwiebel weiss 1 Stück / 50g. (ja)

Wasser 1 Tasse / 50g. (ja)
Grundrezept für eine Gemüsebrühe nahrhaft 1/2 Liter / 500g. (ja)
Weißwein 1/8 Liter / 125g. (wenig)
Salbei 1 TL / 2g. (ja)
Rosmarin 1 TL / 2g. (ja)
Pfeffer gemahlen 1 Prise / 0,5g. ()
Salz 1 Prise / 1g. (wenig)

Kochanleitung:
Olivenöl in die Pfanne geben, den gewaschenen und in Stücke
geschnittenen Brokkoli, gewürfelte Karotten und Kartoffeln zugeben,
kurz andünsten, klein geschnittene Zwiebel zufügen und alles
mindestens drei fingerbreit mit Wasser auffüllen. Mit Brühe und ganz
wenig Weißwein aufgießen und mit Salz, geschnittenem Salbei und
Rosmarin würzen, aufkochen lassen und auf kleinem Feuer ca. 25 Min.
köcheln lassen. Mit Pfeffer und evtl. noch mal Meersalz würzen und
alles pürieren.

3.7 Brokkoli-Parmesan-Aufstrich auf Toastbrot

Fördert Blutgerinnung, Schilddrüsenfunktion und Eigenaufbau von
Vitamin B12. Immun- und abwehrsteigernd, löst Stagnation. Gut bei
Aufstoßen, Diabetes, akuter oder chronischer Verstopfung,
Appetitlosigkeit.
Anzahl Portionen: 2
Kalorien p. Portion 148
Gramm p. Portion 170,5
Kochdauer ca. 15 Min.
Allergene: AG
(Kohlehydrat:29% / Eiweiß & Fett:71%)
100g.≈ Eiweiß 12,1g. Fett:11,33g.
µg. - Ph:34,79 Na:27,37 Ka:60,2 Mg:5,76 Ca:40,04 Fe:0,24 Zn:0,19 Col.:1,88 Hsr.:6,09

Zutaten:
Brokkoli 200 g / 200g. (ja)
Topfen (Quark) 20% 80 g. / 80g. (wenig)
Joghurt (natur, 1,5 % Fett) 1 EL / 10g. (ja)
Parmesan 2 EL / 15g. (wenig)
Zitrone Schale 1/2 TL / 1g. (ja)
Basilikum (frisch) 1 EL / 5g. (ja)
Lauchzwiebel Schnittlauch 1 EL / 5g. (ja)
Salz 1 Prise / 1g. (wenig)
Pfeffer gemahlen 1 Prise / 0,3g. ()
Toastbrot (Vollkorn) 6 Scheiben / 24g. (ja)

Kochanleitung:
Brokkoli zugedeckt in einem Siebeinsatz über Wasserdampf in 8 Min. bissfest garen und fein hacken. Quark, Joghurt, Parmesan und Zitronenschale gut verrühren und mit dem Brokkoli, Basilikum und Schnittlauch vermischen. Den Aufstrich mit Salz und Pfeffer abschmecken und auf dem knusprig getoasteten Brot servieren.

3.8 Champignonreis

Stärkt Nieren, ist harntreibend, erwärmt den Körper von innen, erweitert die Gefäße, stärkt die Muskeln, fördert die Verdauung, kuriert Bluthochdruck, löst Stagnation, fördert Gewichtsabnahme. Gut bei Abwehrschwäche und Appetitlosigkeit.

Anzahl Portionen: 2
Kalorien p. Portion 410
Gramm p. Portion 341
Kochdauer ca. 30 Min.
Allergene: L
(Kohlehydrat:89% / Eiweiß & Fett:11%)
100g.≈ Eiweiß 10,01g. Fett:3,44g.
µg. - Ph:30,31 Na:3,54 Ka:32,26 Mg:27,24 Ca:62,74 Fe:0,37 Zn:0,16 Col.:0 Hsr.:12,22

Zutaten:
Zwiebel weiss 1 Stück / 50g. (ja)
Lorbeerblatt 2 Stück / 1g. (ja)
Nelke 2 Stück / 1g. (ja)
Grundrezept für eine Gemüsebrühe nahrhaft 400 g. / 350g. (ja)
Reis Vollkorn 200 g / 200g. (ja)
Champignon 60 g. / 60g. (ja)
Petersilie 20 g. / 20g. (ja)
Pfeffer gemahlen 1 Prise / 0,2g. ()

Kochanleitung:
Die Nelken in die Zwiebel stecken, die Gemüsebrühe mit der Zwiebel und den Lorbeerblättern zum Kochen bringen und den Reis in die kochende Flüssigkeit geben. Temperatur auf die kleinste Stufe zurückschalten und mit geschlossenem Deckel 20-25 Min. garziehen lassen. In der Zwischenzeit die Champignons putzen, in Scheiben schneiden, mit wenig Wasser kurz andünsten oder anbraten. Die Petersilie waschen und fein hacken. Aus dem fertigen Reis die Zwiebel herausnehmen, die Champignons und die Petersilie hinzugeben und mit Pfeffer und Salz abschmecken.

3.9 Chicoréesalat mit Mandarinen

Löst Schleim, steckt voller Vitamine (A,B,C), fördert Verdauung, stärkt Magen, fördert Gewichtsabnahme. Gut bei: Abwehrschwäche, Appetitlosigkeit, Blähungen.

Anzahl Portionen: 3
Kalorien p. Portion 256
Gramm p. Portion 285,17
Kochdauer ca. 10 min.
Allergene: AGNO
(Kohlehydrat:75,45% / Eiweiß & Fett:24,55%)
100g.≈ Eiweiß 5,46g. Fett:7,69g.
µg. - Ph:8,48 Na:15,24 Ka:55,37 Mg:3,93 Ca:9,35 Fe:0,13 Zn:0,01 Col.:0 Hsr.:7,09

Zutaten:
Mandarine 4 Stück / 300g. (ja)
Chicorée 2-3 Stück / 300g. (ja)
Sesamöl 2 EL / 18g. (ja)
Pfeffer gemahlen 1 Prise / 0,5g. ()
Salz 1 Prise / 1g. (wenig)
Essig Aceto Balsamico 2 TL / 6g. (ja)
Zitrone 1/2 Stück / 25g. (ja)
Orange 1/2 Stück / 70g. (ja)
Paprika (Rosenpaprikapulver) 1 Prise / 1g. (ja)
Orangenmarmelade 1 TL / 4g. (ja)
Sahne, süß 30% 1 EL / 10g. (wenig)
Weißbrot (Weizenbrot) 6 Scheiben / 120g. (ja)

Kochanleitung:
Mandarinen schälen und in mundgerechte Stücke schneiden. Chicorée grob schneiden und beides vermischen. Dressing: Sesamöl, Pfeffer, Salz, Himbeeressig oder Balsamico-Essig, etwas Zitronen- oder Orangensaft, Rosenpaprika, Orangenmarmelade (ersatzweise eine andere Marmelade) und wenig süße Sahne gut durchrühren, über den Salat geben und kurz durchziehen lassen.

3.10 Couscous-Salat

Bakterizid, beugt Krebs vor, stärkt Magensaftproduktion, fördert Verdauung, regt Leberfunktion an, senkt Blutdruck, stärkt Immunsystem, reduziert Strahlenverletzungen, harntreibend.

Anzahl Portionen: 3
Kalorien p. Portion 338
Gramm p. Portion 285,67
Kochdauer ca. 25 Min.
Allergene: A
(Kohlehydrat:75,44% / Eiweiß & Fett:24,56%)
100g.≈ Eiweiß 12,22g. Fett:7,11g.
µg. - Ph:15,3 Na:17,27 Ka:83,68 Mg:6,5 Ca:21,3 Fe:0,46 Zn:0,07 Col.:0 Hsr.:13,69

Zutaten:

Wasser 250 ml. / 100g. (ja)
Olivenöl 1 EL / 15g. (ja)
Couscous 200 g / 200g. (ja)
Zitrone Saft 3 EL / 30g. (ja)
Zitrone Schale 1 TL / 2g. (ja)
Tomate 2 Stück / 80g. (ja)
Gurke 100 g. / 100g. (ja)
Karotte (Mohrrübe, Möhre) 100 g. / 100g. (ja)
Petersilie 1 Bund / 100g. (ja)
Lauchzwiebel Schnittlauch 1 Bund / 100g. (ja)
Pfefferminze 3 Äste / 30g. (ja)

Kochanleitung:

In einem kleinen Topf 250 ml Wasser mit Salz und 1 EL Olivenöl zum Kochen bringen. Couscous einrühren, vom Herd nehmen und zugedeckt 5 Min. quellen lassen. Couscous zurück auf den Herd stellen und bei milder Hitze weitere ca. 2 Min. unter ständigem leichten Rühren ziehen lassen. Eventuell noch 1-3 EL heißes Wasser untermischen. Couscous mit Zitronensaft, kleingehackter Zitronenschale und 1 EL Öl vermischen, mit Salz und Pfeffer abschmecken und etwas durchziehen lassen. Couscous mit gewürfelten Tomaten und Gurken, geriebenen Karotten, Petersilie, Schnittlauch und Minze (fein gehackt) vermischen. Couscous-Salat mit Zitronensaft, Salz und Pfeffer abschmecken.

3.11 Cranberrisaft

Antibakteriell, harntreibend. Gut bei Appetitlosigkeit, Arteriosklerose, Blasenentzündung, Durchfall, Fieber, Gicht, Magengeschwür, Mundschleimhautentzündung, Rheuma. Gegen freie Radikale, gegen Erkältung. Beugt Vitamin-C-Mangel vor.

Anzahl Portionen: 1
Kalorien p. Portion 43
Gramm p. Portion 160
Kochdauer ca. 5 Min.
(Kohlehydrat:98,46% / Eiweiß & Fett:1,54%)
100g.≈ Eiweiß 0,14g. Fett:0,02g.
µg. - Ph:2,06 Na:1,53 Ka:11,69 Mg:1,16 Ca:4,22 Fe:0,09 Zn:0,1 Col.:0 Hsr.:3,12

Zutaten:
Cranberries 2 EL / 25g. (empfehlenswert)
Wasser 1 Tasse / 125g. (ja)
Honig 1 EL / 10g. (ja)

Kochanleitung:
Cranberries und etwas Wasser mit dem Pürierstab zu einem Brei mixen. Mit dem restlichen Wasser aufgießen und mit Honig süßen.

3.12 Curryreis mit Rosinen und Nüssen

Stoppt Durchfall, fördert Verdauung, regt Appetit an, harmonisiert Magen, fördert Durchblutung, verbessert Medikamentenwirkung, entschlackt die Haut, regt Nerven an, befreit Atmung, erhöht Körpertemperatur, schweißtreibend.

Anzahl Portionen: 4
Kalorien p. Portion 275
Gramm p. Portion 291
Kochdauer ca. 30 min.
Allergene: HO
(Kohlehydrat:76,19% / Eiweiß & Fett:23,81%)
100g.≈ Eiweiß 3,78g. Fett:8,88g.
µg. - Ph:12,77 Na:2,26 Ka:25,36 Mg:5,82 Ca:3,11 Fe:0,14 Zn:0,02 Col.:0 Hsr.:4,85

Zutaten:
Sonnenblumenöl 1 EL / 15g. (ja)
Zwiebel weiss 1 Stück / 50g. (ja)
Curry 1/2 TL / 2g. (ja)
Reis Wilder (Naturreis) 1 Tasse / 120g. (ja)
Salz 1 Prise / 1g. (wenig)
Weißwein 1/8 Liter / 125g. (wenig)
Zitrone alternativ für Weißwein / g. (ja)
Paprika (Rosenpaprikapulver) 1 Prise / 1g. (ja)

Apfel (süß) 2 Stück / 300g. (ja)
Rosinen 2 EL / 25g. (ja)
Walnüsse 2 EL / 25g. (wenig)
Wasser 6 Tassen / 500g. (ja)

Kochanleitung:
Öl in einem Topf erhitzen und kleingeschnittene Zwiebeln darin glasig
dünsten. Curry dazugeben und kurz aufschäumen lassen. Dann rohen
Reis einige Minuten bei schwacher Hitze unter ständigem Rühren darin
anbraten. Salz, einen Schuss Weißwein oder Zitronensaft,
Rosenpaprika, süße Äpfel (kleingeschnitten), Rosinen und gehackte,
geröstete Nüsse zufügen. Mit heißem Wasser übergießen, bis alles gut
bedeckt ist und köcheln lassen, bis der Reis gar ist. Dazu passt:
Karotten-Fenchel-Gemüse, Hülsenfrüchte mit gekochtem Gemüse,
geschnetzeltes Geflügel mit Ingwer und Pilzen.

3.13 Dicke Erbsensuppe für den Winter

Stärkt Leber, Nieren und Abwehrkraft. Ist harntreibend, entgiftend, löst
Stagnation, fördert Durchblutung.
Anzahl Portionen: 3
Kalorien p. Portion 124
Gramm p. Portion 255
Kochdauer ca.   2-3 Stunden
Allergene: AN
(Kohlehydrat:46,79% / Eiweiß & Fett:53,21%)
100g.≈ Eiweiß 4,37g. Fett:7,31g.
µg. - Ph:10,32 Na:0,75 Ka:22,49 Mg:3,65 Ca:4,66 Fe:0,17 Zn:0,04 Col.:0 Hsr.:15,62

Zutaten:
Erbse, grün 150 g. / 150g. (ja)
Wasser 600 ml. / 550g. (ja)
Sesamöl 1 EL / 20g. (ja)
Zwiebel weiss 1/2 Stück / 25g. (ja)
Ingwer frisch 1/2 TL / 1g. (ja)
Kümmel 1/2 TL / 1g. (ja)
Hafer Schrot 1 EL / 15g. (ja)
Salz 1 Prise / 1g. (wenig)
Petersilie 1 Stängel / 2g. (ja)

Kochanleitung:
Erbsen vorher einweichen. Sesamöl in einem Topf erhitzen und
kleingeschnittene Zwiebel, Haferschrot, Ingwer und Kümmel darin
anbraten. Erbsen zugeben und 2-3 Std. köcheln. Am Ende Salz
zufügen und mit Petersilie garnieren.

3.14 Dinkel mit Obst und Nüssen

Regt Appetit an, stoppt Durchfall, fördert Verdauung, lindert Müdigkeit, schützt vor Tumorleiden und Leukämie, wirkt förderlich bei Lebensmittelallergien, ist stoffwechselregulierend, senkt Blutzucker und Cholesterin, entzündungshemmend im Magen-Darm-Trakt.

Anzahl Portionen: 3
Kalorien p. Portion 289
Gramm p. Portion 286,33
Kochdauer ca. 1 1/2 Stunden
Allergene: AH
(Kohlehydrat:76% / Eiweiß & Fett:24%)
100g.≈ Eiweiß 8,64g. Fett:6,67g.
µg. - Ph:9,7 Na:8,81 Ka:25,53 Mg:3,53 Ca:2,83 Fe:0,14 Zn:0,02 Col.:0 Hsr.:2,96

Zutaten:
Dinkel 1 Tasse / 120g. (ja)
Wasser 1 Tasse / 50g. (ja)
Apfel (süß) 1 Stück / 220g. (ja)
Aprikose 1 Stück / 200g. (ja)
Pfirsich 1 Stück / 120g. (ja)
Zimtpulver 1 Prise / 1g. (ja)
Kardamom 1 Prise / 1g. (ja)
Salz 1 Prise / 1g. (wenig)
Erdbeere 1 Tasse / 120g. (ja)
Mandelmus 1 EL / 15g. (ja)
Kakao 1 Prise / 1g. (wenig)
Walnüsse 1 EL / 10g. (wenig)

Kochanleitung:
Dinkel in heißem Wasser aufsetzen und gar kochen. Danach: Süßes, kleingeschnittenes Obst (Äpfel, Aprikosen, Pfirsiche) in wenig heißem Wasser mit etwas Zimt kurz andünsten. Gemahlenen Kardamom und/oder Koriander, eine kleine Prise Salz, den gekochten Dinkel und evtl. Erdbeeren (nach Jahreszeit) dazugeben und erhitzen. Mit Kakao und gerösteten Nüssen überstreuen.

3.15 Erdbeersuppe mit Melonen

Lindert Schmerzen und Entzündungen bei Rheuma, ist harntreibend, hilft bei Verstopfung.

Anzahl Portionen: 2
Kalorien p. Portion 87
Gramm p. Portion 285,5
Kochdauer ca. 5 Min.
(Kohlehydrat:86,25% / Eiweiß & Fett:13,75%)
100g.≈ Eiweiß 2,04g. Fett:0,84g.
µg. - Ph:11,96 Na:3,07 Ka:101,16 Mg:6,79 Ca:10,32 Fe:0,28 Zn:0,01 Col.:0 Hsr.:13,35

Zutaten:
Erdbeere 300 g. / 300g. (ja)
Erdbeersaftgetränk 70 ml / 70g. (ja)
Zitrone Schale 1/4 TL / 1g. (ja)
Honigmelone 200 g / 200g. (ja)

Kochanleitung:
Erdbeeren (frisch oder tiefgekühlt) und Erdbeersaft mit dem Mixstab pürieren und etwas Zucker untermischen. Melonenfruchtfleisch in kleine Stücke schneiden. Die Erdbeersuppe portionsweise anrichten und Melonenwürfel in die süße Suppe setzen.

3.16 Erfrischende Gurkensuppe mit Kartoffeln

Harntreibend, entgiftend, unterdrückt Umwandlung von Zucker in Fett, senkt Cholesterinspiegel, lindert Entzündungen, verbessert Verdauung, löst Stagnation, fördert Durchblutung, fördert Appetit.

Anzahl Portionen: 3
Kalorien p. Portion 148
Gramm p. Portion 307,33
Kochdauer ca. 15 Min
Allergene: GN
(Kohlehydrat:70% / Eiweiß & Fett:30%)
100g.≈ Eiweiß 3,93g. Fett:5,09g.
µg. - Ph:3,72 Na:0,77 Ka:23,54 Mg:1,43 Ca:2 Fe:0,05 Zn:0,02 Col.:0 Hsr.:1,19

Zutaten:
Sesamöl 1 EL / 10g. (ja)
Kartoffel 4 Stück / 300g. (ja)
Zwiebel Frühlingszwiebel 3 Stück / 60g. (ja)
Pfeffer gemahlen 1 Prise / 0,5g. ()
Muskatnuss 1 Prise / 1g. (ja)
Salz 1 Prise / 1g. (wenig)
Zitrone 1/2 Stück / 25g. (ja)
Gurke 2 Stück / 500g. (ja)

Sahne, süß 30% 1 EL / 10g. (wenig)
Dill 1 EL / 15g. (ja)

Kochanleitung:
Kleingeschnittene Kartoffeln und reichlich Frühlingszwiebeln in Sesamöl
anbraten und mit Pfeffer, etwas Muskat, Salz und Zitronensaft würzen.
Heißes Wasser und gewürfelte Salatgurke dazugeben, ca. 10 Min.
dünsten und danach pürieren. Etwas süße Sahne nach Belieben und
frischen Dill zufügen. Variante: Etwas Chili, Oregano, Thymian oder
Rosmarin dazugeben, um die abkühlende Wirkung zu mildern.

3.17 Fein gewürzte Zucchini mit Tomaten

Harntreibend, fördert Verdauung, hilft Fett zu verdauen, senkt
Blutdruck, löst Stagnation, antioxidativ, erwärmt den
Körper von innen, erweitert die Gefäße.

Anzahl Portionen: 4
Kalorien p. Portion 203
Gramm p. Portion 396,5
Kochdauer ca. 10 Min.
(Kohlehydrat:71,84% / Eiweiß & Fett:28,16%)
100g.≈ Eiweiß 5,39g. Fett:6,62g.
µg. - Ph:10,4 Na:0,79 Ka:35,33 Mg:6,3 Ca:5,58 Fe:0,26 Zn:0,02 Col.:0 Hsr.:5,53

Zutaten:
Olivenöl 1 EL / 20g. (ja)
Zwiebel weiss 2 Stück / 120g. (ja)
Zucchini 4 Stück / 800g. (ja)
Oregano getrocknet 1 Prise / 1g. (ja)
Basilikum (frisch) 6-8 Blatt / 3g. (ja)
Salz 1 Prise / 1g. (wenig)
Tomate 2 Stück / 120g. (ja)
Reis Vollkorn 1 Tasse / 120g. (ja)
Wasser 6 Tassen / 400g. (ja)
Salz 1 Prise / 1g. (wenig)

Kochanleitung:
Fein geschnittene Zwiebeln und klein geschnittene Zucchini in Olivenöl
in einer Pfanne anbraten, bis sie halb gar sind und reichlich
getrockneten Oregano dazugeben. Salzen und klein geschnittene
Tomaten einige Minuten mitdünsten, bis die Zucchini gar, aber noch
knackig sind. Mit frischem Basilikum anrichten. Variante: Über die
Tomaten etwas Schafskäse geben und mit geschlossenem Deckel zu
Ende garen. Den Reis im gesalzenen Wasser aufsetzen, aufkochen
lassen und bei kleiner Hitze ca. 15 Min. quellen lassen.

3.18 Fenchel-Kartoffel-Auflauf

Lindert Entzündungen, verbessert Durchblutung, verbessert
Verdauung, harntreibend, senkt Cholesterinspiegel. Gut bei
Appetitlosigkeit, Blähungen, Darmentzündungen, Sodbrennen. Stärkt
Magensaftproduktion.

Anzahl Portionen: 2
Kalorien p. Portion 147
Gramm p. Portion 230,5
Kochdauer ca. 1 1/2 Stunden
Allergene: CGL
(Kohlehydrat:68% / Eiweiß & Fett:32%)
100g.≈ Eiweiß 5,72g. Fett:5,42g.
µg. - Ph:15 Na:12,98 Ka:80,91 Mg:13,52 Ca:40,41 Fe:0,41 Zn:0,09 Col.:7,81 Hsr.:3,64

Zutaten:
Fenchel 200 g. / 200g. (ja)
Kartoffel 125 g. / 125g. (ja)
Grundrezept für eine Gemüsebrühe nahrhaft 100 ml. / 100g. (ja)
Butter Bio 1 TL / 3g. (wenig)
Reismehl 2 TL / 6g. (ja)
Sahne sauer 10% 1 TL / 3g. (ja)
Salz 1 Prise / 1g. (wenig)
Zucker Ursüße (Zuckerrohr) süß 1 Prise / 1g. (ja)
Huhn Eigelb 1 Stück / 10g. (wenig)
Pfeffer Cayenne 1 Prise / 0,5g. (ja)
Muskatnuss 1 Prise / 0,5g. (ja)
Petersilie 1 TL / 2g. (ja)
Lauchzwiebel Schnittlauch 1 TL / 3g. (ja)
Parmesan 1 TL / 3g. (wenig)
Butter Bio 1 TL / 3g. (wenig)

Kochanleitung:
Kartoffeln in der Schale kochen, abkühlen lassen und dann schälen.
Fenchel waschen, Stiele abschneiden und evtl. äußere Blätter
entfernen. Fenchelgrün zurückhalten und später mit den anderen
Kräutern zur Soße geben. Fenchelknollen ca. 15-20 Min. dünsten.
Danach Kartoffeln und Fenchel in Scheiben schneiden und
schichtweise in eine gefettete Auflaufform geben. Flüssigkeit aus
Fenchelbrühe zum Kochen bringen und mit Mehl binden. Mit Meersalz,
Cayennepfeffer, Zucker, Muskat und saurer Sahne abschmecken.
Abkühlen lassen und mit Eigelb legieren. Die Soße über den Auflauf
verteilen, mit Parmesan, fein gehackter Petersilie und Schnittlauch
bestreuen. Alles 30 Min. bei ca. 200 Grad im Backofen überbacken.

3.19 Fenchel-Reissuppe

Stärkt Magen, lindert Verstopfung, regt Nerven an, entgiftet, lindert
Entzündungen, verbessert Durchblutung.

Anzahl Portionen: 2
Kalorien p. Portion 156
Gramm p. Portion 234
Kochdauer ca.   15-20 Min.
Allergene: EG
(Kohlehydrat:88,32% / Eiweiß & Fett:11,68%)
100g.≈ Eiweiß 3,57g. Fett:6,65g.
µg. - Ph:14,68 Na:32,47 Ka:82,14 Mg:105,79 Ca:110,69 Fe:0,54 Zn:0,06 Col.:1,92
Hsr.:4,9

Zutaten:
Grundrezept für eine Reissuppe (Congee) 300 ml. / 300g. (wenig)
Fenchel 1/2 Stück / 150g. (ja)
Butter Bio 1 EL / 15g. (wenig)
Sojasauce 1 Schuss / 3g. (wenig)

Kochanleitung:
Fenchel in der Reissuppe (nach Grundrezept) weich kochen. Vor dem
Servieren ein Stück Butter und etwas Sojasoße zugeben.

3.20 Frühlingssalat

Blutbildend, blutreinigend, harntreibend, entgiftend. Senkt Blutdruck,
lindert Entzündungen. Gut bei Magenbeschwerden,
Verdauungsschwäche, Verstopfung, Durchfall. Hilft Fett zu verdauen.

Anzahl Portionen: 4
Kalorien p. Portion 162
Gramm p. Portion 210,25
Kochdauer ca.   10 Min.
Allergene: AEMN
(Kohlehydrat:67% / Eiweiß & Fett:33%)
100g.≈ Eiweiß 7,68g. Fett:3,57g.
µg. - Ph:3,64 Na:5,07 Ka:20,01 Mg:1,77 Ca:5,24 Fe:0,18 Zn:0,03 Col.:0 Hsr.:2

Zutaten:
Sauerampfer 150 g. / 150g. (ja)
Löwenzahn (junger) 100 g. / 100g. (ja)
Mungbohnensprossen 75 g. / 75g. (ja)
Kresse 100 g. / 100g. (ja)
Lauchzwiebel Schnittlauch 1 Bund / 50g. (ja)
Tomate 2 Stück / 100g. (ja)
Petersilie 1 Bund / 50g. (ja)
Sesam Paste (Tahini) 2 EL / 16g. (ja)

Sojasauce 1 Schuss / 3g. (wenig)
Senf 1/2 TL / 2g. (ja)
Weißbrot (Weizenbrot) 6 Scheiben / 120g. (ja)

Kochanleitung:
Alle Salatzutaten waschen, mischen und die Soße folgendermaßen
zubereiten: Tahin mit Senf, Balsamico-Essig, Tamari, Olivenöl,
Schnittlauch und der Hälfte der Petersilie mischen. Die Soße über den
Salat gießen und unmittelbar vor dem Servieren die restliche Petersilie
drüberstreuen. Mit dem Weißbrot servieren.

3.21 Frühstück - Reis mit Früchten

Gut bei Durchblutungsstörungen, Thrombose, Emboliegefahr,
Bluthochdruck, Kopfschmerzen, nach Herzinfarkt und Schlaganfall zu
empfehlen, befeuchtet Darm, fördert Blutaufbau, fördert Verdauung,
lindert Entzündungen.
Anzahl Portionen: 3
Kalorien p. Portion 230
Gramm p. Portion   282
Kochdauer ca.   10 min. - 3 Stunden
Allergene: GHO
(Kohlehydrat:90% / Eiweiß & Fett:10%)
100g.≈ Eiweiß 3,59g. Fett:7,61g.
µg. - Ph:3,19 Na:0,7 Ka:8,57 Mg:20,72 Ca:21,22 Fe:0,05 Zn:0,02 Col.:0,54 Hsr.:0,92

Zutaten:
Grundrezept für eine Reissuppe (Congee) 6 Tassen / 500g. (wenig)
Kuhmilch (Vollmilch 3,5 % Fett) 1/2 bis 1 Tasse / 80g. (ja)
Honig 1 EL / 10g. (ja)
Butter Bio 1 EL / 15g. (wenig)
Datteln getrocknet 1 EL / 15g. (ja)
Feige 1 EL / 15g. (ja)
Apfel (sauer) 1 Stück / 200g. (ja)
Haselnüsse 1/2 EL / 5g. (wenig)
Mandeln 1/2 EL / 5g. (ja)
Zimtpulver 1 Prise / 1g. (ja)

Kochanleitung:
Reis-Congee nach Grundrezept kochen oder vorgekocht verwenden.
Mit der Milch flüssiger machen und mit Honig süßen. Früchte und
Nüsse in Butter anbraten und mit der fertigen Reissuppe vermischen.
Datteln, Feigen und den Apfel kleingeschnitten zufügen.

3.22 Gekochter Selleriesalat mit exotischen Gewürzen

Stärkt Magen, bindet Wasser im Darm, antibakteriell, blutbildend, blutreinigend, entzündungshemmend, harntreibend, fördert Durchblutung.

Anzahl Portionen: 4
Kalorien p. Portion 165
Gramm p. Portion 341,12
Kochdauer ca. 30 Min.
Allergene: GLMNO
(Kohlehydrat:47,77% / Eiweiß & Fett:52,23%)
100g.≈ Eiweiß 5,56g. Fett:9,14g.
µg. - Ph:13,51 Na:24,66 Ka:69,44 Mg:3,02 Ca:20,16 Fe:0,1 Zn:0,01 Col.:0,2 Hsr.:12,08

Zutaten:

Sellerie Knolle 1 1/2 Stück / 900g. (ja)
Joghurt (natur, 3,5 % Fett) 1 Becher / 250g. (ja)
Sauerrahm 15% Fett 2 EL / 20g. (ja)
Kurkuma (Gelbwurz) 1 Prise / 1g. (ja)
Sesamöl 1 EL / 20g. (ja)
Pfeffer gemahlen 1 Prise / 0,5g. ()
Zitronengras 1 Prise / 1g. (ja)
Zwiebel weiss 1/2 Stück / 25g. (ja)
Senf 1/2 TL / 1g. (ja)
Schwarzkümmel 1 Prise / 1g. (ja)
Salz 1 Prise / 1g. (wenig)
Zitrone Saft 1 Stück / 40g. (ja)
Apfel (sauer) 1/2 Stück / 100g. (ja)
Paprika (Rosenpaprikapulver) 1 Prise / 1g. (ja)
Essig (Apfelessig) 1 Schuss / 3g. (ja)

Kochanleitung:

Den Sellerie waschen, schälen und in dicke Scheiben schneiden. In heißem Wasser gar kochen und in längliche, mundgerechte Streifen schneiden. Dressing: Etwas Joghurt, Sauerrahm, Kurkuma, Sesamöl, Pfeffer, Zitronengraspulver, fein geschnittene Zwiebel, etwas Senf, Salz, zerstoßenen Schwarzkümmel, etwas kaltes Wasser, Zitronensaft oder Essig gut vermengen. Den halben säuerlichen Apfel kleingeschnitten, etwas Rosenpaprika und den lauwarmen Sellerie dazugeben und gut vermischen. 2-3 Std. oder über Nacht ziehen lassen. Ideal als Ersatz für Rohkost, auf die man wegen Verdauungsschwäche verzichten möchte.

3.23 Gelbe Linsensuppe

Stärkt Milz, Herz und Nieren, harntreibend, beruhigt den Magen, fördert Verdauung, stärkt Immunsystem, beugt Krebs vor, reduziert Strahlenverletzungen, regt Leberfunktion an, antioxidativ.

Anzahl Portionen: 7
Kalorien p. Portion 155
Gramm p. Portion 324
Kochdauer ca. 20 min.
Allergene: A
(Kohlehydrat:73% / Eiweiß & Fett:27%)
100g.≈ Eiweiß 7,59g. Fett:1,91g.
µg. - Ph:0,84 Na:1,47 Ka:3,19 Mg:0,35 Ca:0,64 Fe:0,02 Zn:0,01 Col.:0 Hsr.:1,11

Zutaten:
Linsen gelb 1/2 Kg. / 500g. (wenig)
Karotte (Mohrrübe, Möhre) 2 Stück / 150g. (ja)
Kohlrabi 1 Stück / 300g. (ja)
Zwiebel weiss 1 Stück / 50g. (ja)
Petersilie 1/2 Bund / 100g. (ja)
Kurkuma (Gelbwurz) 1 Prise / 1g. (ja)
Kardamom 1 Prise / 1g. (ja)
Salz 1 Prise / 1g. (wenig)
Olivenöl 1 EL / 10g. (ja)
Wasser 1 Liter / 1000g. (ja)
Zitrone Saft 1/2 Stück / 15g. (ja)
Weißbrot (Weizenbrot) 7 Scheiben / 140g. (ja)

Kochanleitung:
Linsen gründlich in einem Sieb waschen. In einem Topf Öl erhitzen, fein geschnittene Zwiebel, in Scheiben geschnittene Karotten, in Würfel geschnittenen Kohlrabi und Gewürze kurz darin anbraten und salzen. Linsen dazugeben und mit Wasser bedeckt 20 Min. köcheln lassen. Nach Bedarf mit Wasser ergänzen und mit Salz abschmecken. Mit frischer Petersilie oder frischem grünen Koriander bestreuen und mit Zitronensaft beträufeln. Hier kann man auch rote Linsen verwenden (gleiche Kochzeit). Mit Weißbrot servieren.

3.24 Gemüseeintopf mit provenzalischer Pistou

Stärkt Magen, Milz und Leber, senkt Blutdruck, bakterizid, stärkt Immunsystem, beugt Krebs vor, reduziert Strahlenverletzungen, löst Stagnation, lindert Verstopfung, produziert Muttermilch.

Anzahl Portionen: 8

Kalorien p. Portion 137
Gramm p. Portion 323,12
Kochdauer ca. 1 1/2 Stunden
Allergene: AGL
(Kohlehydrat:75% / Eiweiß & Fett:25%)
100g.≈ Eiweiß 5,89g. Fett:6,34g.
µg. - Ph:0,65 Na:0,64 Ka:2,48 Mg:1,06 Ca:4,28 Fe:0,02 Zn:0 Col.:0,01 Hsr.:0,25

Zutaten:
Tomate 200 g. / 200g. (ja)
Olivenöl 2 EL / 30g. (ja)
Knoblauch 1 Zehe / 5g. (ja)
Toastbrot (Vollkorn) 1 Scheibe / 5g. (ja)
Parmesan 30 g. / 30g. (wenig)
Basilikum (frisch) 1 Bund / 125g. (ja)
Salz 1 Prise / 2g. (wenig)
Pfeffer gemahlen 1 Prise / 1g. ()
Oregano getrocknet 1 TL / 3g. (ja)
Grundrezept für eine Gemüsebrühe nahrhaft 1 1/4 Liter / 1250g. (ja)
Karotte (Mohrrübe, Möhre) 150 g. / 150g. (ja)
Sellerie Knolle 100 g. / 100g. (ja)
Brokkoli 200 g. / 200g. (ja)
Fenchel 1 Stück / 250g. (ja)
Thymian getrocknet 1/2 TL / 2g. (ja)
Oregano getrocknet 1/2 TL / 2g. (ja)
Lorbeerblatt 1 Stück / 0,5g. (ja)
Erbse, grün 50 g. / 50g. (ja)
Zwiebel Frühlingszwiebel 4 Stück / 80g. (ja)
Kartoffel 100 g. / 100g. (ja)

Kochanleitung:
Soße: Tomaten abziehen, in kleine Stücke schneiden und zusammen mit fein gehacktem Knoblauch in Olivenöl ein wenig einkochen. Toastbrot (zerkrümelt), frischen fein geriebenen Parmesan, fein geschnittenen Basilikum, Oregano, Salz und Pfeffer dazugeben. Suppe: Gemüsebrühe nach Grundrezept zum Kochen bringen, in grobe Scheiben geschnittene Karotten, würfelig geschnittenen Sellerie, würfelig geschnittene Kartoffel, kleine Röschen Brokkoli, kleingeschnittene Fenchelknolle, Erbsen, Thymian, Oregano und das

Lorbeerblatt hinzufügen und 10 Min. kochen lassen. Frühlingszwiebeln in dünne Ringe geschnitten zufügen und weitere 2 Min. mitkochen. Einige Esslöffel Soße in eine Suppenschüssel füllen und kochend heiße Brühe damit verrühren. Nach und nach die Soße mit der Suppe mischen.

3.25 Gemüse-Grieß-Suppe

Harntreibend, harmonisiert Magen und Darm, senkt Blutdruck, regt Verdauung an, reduziert Schmerzen, senkt Cholesterinspiegel, entgiftet. Gut bei Appetitlosigkeit, Blähungen, Darmentzündungen, Sodbrennen, Zwölffingerdarmgeschwüren.

Anzahl Portionen: 3
Kalorien p. Portion 199
Gramm p. Portion 459,67
Kochdauer ca. 20 Min.
Allergene: AEGL
(Kohlehydrat:78,84% / Eiweiß & Fett:21,16%)
100g.≈ Eiweiß 6,38g. Fett:7,03g.
µg. - Ph:12,79 Na:13,89 Ka:69,81 Mg:18,98 Ca:66,25 Fe:0,28 Zn:0,04 Col.:0,39 Hsr.:8,64

Zutaten:
Grundrezept für eine Gemüsebrühe nahrhaft 1/2 Liter / 500g. (ja)
Kartoffel 1 Stück / 80g. (ja)
Pastinake 1 Stück / 180g. (ja)
Karotte (Mohrrübe, Möhre) 1 Stück / 120g. (ja)
Sellerie Knolle 150 g. / 150g. (ja)
Kohlrabi 1/2 Stück / 200g. (ja)
Bohnen (grün, frisch) 10 dag. / 100g. (ja)
Weizen Gries 2 EL / 24g. (ja)
Liebstöckel 1/2 TL / 2g. (ja)
Butter Bio 1 EL / 20g. (wenig)
Sojasauce 1 TL / 3g. (wenig)

Kochanleitung:
Vorbereitete Gemüsebrühe erhitzen und buntes Gemüse darin weich kochen. Etwas Weizengrieß einstreuen und quellen lassen. Am Schluss reichlich Liebstöckelgrün und etwas Butter unterrühren und mit Sojasoße abschmecken.

3.26 Gemüsenudeln mit Tomatensugo

Schont die Verdauungsorgane, entgiftet. Gut bei Appetitlosigkeit, Blähungen, Darmentzündung, Fettsucht, Gicht, Magengeschwür, Magenkrämpfen, Rheuma, Sodbrennen, Zwölffingerdarmgeschwür. Fördert Verdauung, hilft Fett zu verdauen.

Anzahl Portionen: 2
Kalorien p. Portion 562
Gramm p. Portion 281,1
Kochdauer ca. 45 Min.
Allergene: ACG
(Kohlehydrat:69,56% / Eiweiß & Fett:30,44%)
100g.≈ Eiweiß 14,06g. Fett:21,69g.
µg. - Ph:42,24 Na:6,41 Ka:89,19 Mg:16,12 Ca:13,53 Fe:0,61 Zn:0,2 Col.:8,37 Hsr.:36,02

Zutaten:
Tomate 125 g. / 125g. (ja)
Karotte (Mohrrübe, Möhre) 1 Stück / 80g. (ja)
Zucchini 1 Stück / 80g. (ja)
Olivenöl 1 EL / 15g. (ja)
Zwiebel Schalotte 1 Stück / 20g. (ja)
Oregano getrocknet 1 Prise / 1g. (ja)
Salz 1 Prise / 1g. (wenig)
Pfeffer gemahlen 1 Prise / 0,2g. ()
Nudeln (Weizen) mit Ei 200 g. / 200g. (ja)
Olivenöl 1 EL / 10g. (ja)
Creme fraiche 2 EL / 30g. (wenig)

Kochanleitung:
Tomaten in wenig Wasser kochen, beim Abgießen den Saft auffangen und die Tomaten in Stücke schneiden. Zucchini und Karotte grob raspeln. Olivenöl in einem beschichteten Topf erhitzen und Schalotten darin sehr weich dünsten. Tomaten zugeben, mit Oregano, Salz und Pfeffer würzen und zu einer dicken Soße einköcheln lassen. Reichlich Salzwasser zum Kochen bringen und die Nudeln darin bissfest kochen. In der Zwischenzeit das Olivenöl in einer beschichteten Pfanne erhitzen, die Karottenraspel darin unter Rühren anbraten und leicht salzen. Zucchiniraspel zugeben und ebenfalls unter Rühren kurz anbraten. Das Gemüse soll noch Biss haben. Nudeln abgießen, abtropfen lassen, mit Crème fraîche vermischen und abschmecken mit Salz und Pfeffer. Mit der Tomatensoße garnieren.

3.27 Gemüsereis

Stärkt Magen, löst Stagnation, fördert Gewichtsabnahme, stärkt Nieren und Blase, harntreibend, erwärmt den Körper von innen, reguliert Innenorganfunktionen. Gut bei Abwehrschwäche, Appetitlosigkeit, Blähungen und Bluthochdruck.

Anzahl Portionen: 3
Kalorien p. Portion 304
Gramm p. Portion 274,73
Kochdauer ca. 30 Min.
Allergene: L
(Kohlehydrat:87,6% / Eiweiß & Fett:12,4%)
100g.≈ Eiweiß 8,1g. Fett:3,41g.
µg. - Ph:35,4 Na:5,75 Ka:46,63 Mg:34,07 Ca:82,12 Fe:0,49 Zn:0,07 Col.:0 Hsr.:15,52

Zutaten:
Brokkoli 50 g. / 50g. (ja)
Karotte (Mohrrübe, Möhre) 50 g. / 50g. (ja)
Kohlrabi 50 g. / 50g. (ja)
Blumenkohl (Karfiol) 30 g. / 30g. (ja)
Erbsen 20 g. / 20g. (ja)
Margarine 1 TL / 4g. (wenig)
Reis Vollkorn 200 g. / 200g. (ja)
Grundrezept für eine Gemüsebrühe nahrhaft 400 g. / 400g. (ja)
Petersilie 20 g. / 20g. (ja)
Pfeffer gemahlen 1 Prise / 0,2g. ()

Kochanleitung:
Brokkoli, Karotten und Kohlrabi in kleine Würfel schneiden und den Blumenkohl in kleine Röschen zerteilen. Die Margarine in einer Pfanne oder einem Topf erhitzen und das Gemüse darin andünsten. Anschließend den Reis zufügen, mit der Gemüsebrühe auffüllen und 15-20 Min. ausquellen lassen. In der Zwischenzeit die Petersilie fein hacken. Nach Garzeitende den Reis mit frisch gemahlenem Pfeffer und Petersilie abschmecken.

3.28 Geröstete Hirse mit Pflaumenkompott

Harntreibend, stärkt Milz und Nieren, stärkt die Abwehr, gut bei Pilzinfektionen.

Anzahl Portionen: 4
Kalorien p. Portion 139
Gramm p. Portion 218,25
Kochdauer ca. 30 Min.
(Kohlehydrat:85% / Eiweiß & Fett:15%)
100g.≈ Eiweiß 3,57g. Fett:1,24g.
µg. - Ph:2,99 Na:0,1 Ka:4,37 Mg:1,68 Ca:0,78 Fe:0,09 Zn:0,03 Col.:0 Hsr.:0,93

Zutaten:
Hirse 1 Tasse / 120g. (ja)
Wasser 2 Tassen / 250g. (ja)
Pflaume 2 Tassen / 250g. (ja)
Vanilleschote 1 Prise / 1g. (ja)
Wasser 250 g. / 250g. (ja)
Zimtpulver 1 Prise / 1g. (ja)
Acerola Fruchtnektar oder Pulver 1/2 TL / 1g. (ja)

Kochanleitung:
Hirse kurz anrösten, mit Wasser übergießen, kurz aufkochen und 20 Min. quellen lassen. Pflaumen mit Wasser, Vanille und Zimt 10 Min. kochen und abseihen. Acerola dazugeben und zu der Hirse reichen.

3.29 Geröstete Hirse mit Stangensellerie

Stärkt Milz und Nieren, harntreibend, stoffwechselfördernd.
Anzahl Portionen: 2
Kalorien p. Portion 400
Gramm p. Portion 228
Kochdauer ca. 30 min
Allergene: L
(Kohlehydrat:82,09% / Eiweiß & Fett:17,91%)
100g.≈ Eiweiß 7g. Fett:2,59g.
µg. - Ph:44,42 Na:8,59 Ka:31,27 Mg:23,88 Ca:11,01 Fe:1,24 Zn:0,24 Col.:0 Hsr.:12,62

Zutaten:
Hirse 1 Tasse / 120g. (ja)
Wasser 2 Tassen / 240g. (ja)
Sellerie Stangensellerie 2 Stangen / 50g. (ja)
Kräuter verschiedene 1 EL / 10g. (ja)
Wasser 2 EL / 30g. (ja)
Salz 1 Prise / 1g. (wenig)
Salbei 3-4 Blätter / 2g. (ja)
Kresse 1 TL / 3g. (ja)

Kochanleitung:
Hirse kurz anrösten, mit Wasser übergießen, kurz aufkochen und 20 Min. quellen lassen. Stangensellerie klein schneiden, mit Wasser, Salz und frischen Kräutern 10 Min. kochen und zu der Hirse geben. Frischen Salbei oder Kresse kleingehackt darüberstreuen.

3.30 Gerstenbrei mit Beeren

Harntreibend, stärkt Magen, befeuchtet Darm und Haut, entspannt, stillt Husten, führt leicht ab, stärkt Nieren, fördert Verdauung, entgiftet, treibt Schweiß, reduziert Blutfett, regt an, löst Stagnation.

Anzahl Portionen: 5
Kalorien p. Portion 113
Gramm p. Portion 318,6
Kochdauer ca. 2 Stunden
Allergene: A
(Kohlehydrat:82,48% / Eiweiß & Fett:17,52%)
100g.≈ Eiweiß 4,02g. Fett:0,78g.
µg. - Ph:7,36 Na:0,55 Ka:13,46 Mg:3,14 Ca:2,78 Fe:0,08 Zn:0,01 Col.:0 Hsr.:2,4

Zutaten:
Wasser 10 Tassen / 1200g. (ja)
Gerste 1 Tasse / 120g. (ja)
Ingwer frisch 2 Scheiben / 2g. (ja)
Kardamom 3 Kapseln / 1g. (ja)
Salz 1 Prise / 1g. (wenig)
Himbeere 250 g. / 250g. (ja)
Kakao 1 Prise / 1g. (wenig)
Gerstenmalz 1 EL / 15g. (ja)
Zitronenmelisse (frisch) 2-4 Blätter / 3g. (ja)

Kochanleitung:
Gerste mit Wasser, Ingwer und Kardamomkapseln in einem großen Topf aufkochen. Mit einem Deckel fest verschließen und auf kleiner Stufe etwa 2 Std. lang kochen. Für 2 Portionen vom gekochten Gerstenbrei etwa 2 Schöpflöffel in eine Schüssel geben. Mit Sonnenblumenkernen, Malz, Kakaopulver und einer Prise Salz verrühren. Frische Beeren in den Brei rühren und mit frischer Minze oder Melisse bestreut servieren. Tipp: Der vorgekochte Gerstenbrei (ohne Früchte) kann gut im Kühlschrank aufbewahrt und sowohl für süße als auch für pikante Gerichte verwendet werden, z.B. mit gedünstetem Gemüse oder mit Kompott aus Früchten der Saison.

3.31 Gerstenbrei mit gedünsteter Birne

Fördert Verdauung, harntreibend, stärkt Milz und Magen, kühlt Blase, befeuchtet Darm und Haut, entspannt, schweißtreibend.

Anzahl Portionen: 5
Kalorien p. Portion 113
Gramm p. Portion 305,8
Kochdauer ca. 25 Min.
Allergene: A
(Kohlehydrat:86% / Eiweiß & Fett:14%)
100g.≈ Eiweiß 3,26g. Fett:0,72g.
µg. - Ph:1,16 Na:0,11 Ka:2,09 Mg:0,44 Ca:0,33 Fe:0,01 Zn:0,01 Col.:0 Hsr.:0,42

Zutaten:
Wasser 10 Tassen / 1200g. (ja)
Gerste 1 Tasse / 120g. (ja)
Ingwer frisch 2 Scheiben / 2g. (ja)
Kardamom 3 Kapseln / 1g. (ja)
Salz 1 Prise / 1g. (wenig)
Birne 1 Stück / 200g. (ja)
Zucker Ursüße (Zuckerrohr) süß 1/2 EL / 5g. (ja)

Kochanleitung:
Die Gerste zu grobem Schrot mahlen und trocken anrösten. Heißes Wasser aufgießen, Ingwer und Kardamom hinzufügen und bei wenig Hitze zu einem Brei quellen lassen. Birne schälen und würfeln und mit wenig Wasser 10 Min. dünsten. Am Ende die gedünstete Birne mit etwas Butter und Süßmittel zur Gerste geben. Variante: Wenn es morgens schnell gehen soll, kann man an Stelle von Schrot Gerstenflocken verwenden.

3.32 Gersten-Gemüse-Suppe

Nährt Blut, harntreibend, entgiftet, stärkt Milz und Leber, senkt Blutdruck, bakterizid, stärkt Immunsystem, beugt Krebs vor, reduziert Strahlenverletzungen, fördert Verdauung, hilft Fett zu verdauen, harmonisiert Stoffwechsel.

Anzahl Portionen: 3
Kalorien p. Portion 281
Gramm p. Portion 304
Kochdauer ca. 2 Stunden
Allergene: AGL
(Kohlehydrat:73% / Eiweiß & Fett:27%)
100g.≈ Eiweiß 11,93g. Fett:5,74g.
µg. - Ph:9,75 Na:1,36 Ka:21,85 Mg:3,27 Ca:3,09 Fe:0,14 Zn:0,08 Col.:0,09 Hsr.:9,52

Zutaten:
Gerste 1 Tasse / 120g. (ja)
Shiitake, getrocknet 4 g. / 4g. (ja)
Zwiebel Schalotte 1 Stück / 20g. (ja)
Cumin (Kreuzkümmel) 1 Messerspitze / 0,5g. (ja)
Sonnenblumenöl 1 EL / 10g. (ja)
Wasser 300 ml / 250g. (ja)
Sellerie Stangensellerie 2 Äste / 20g. (ja)
Erbse, grün 250 g. / 250g. (ja)
Tomate 1 Stück / 50g. (ja)
Karotte (Mohrrübe, Möhre) 2 Stück / 150g. (ja)
Stangenbohnen (Fisolen) 1 Handvoll / 30g. (wenig)
Salz 1 Prise / 1g. (wenig)
Pfeffer gemahlen 1 Prise / 0,5g. ()
Petersilie 1 TL / 3g. (ja)
Butter Bio 1 TL / 3g. (wenig)

Kochanleitung:
Gerste am Abend einweichen. Am nächsten Tag die Pilze separat
einweichen. Zwiebel und Cumin in Öl bräunen, dann mit Wasser
aufkochen. Das kleingeschnittene Gemüse, etwas Salz, die Gerste und
die Shiitakepilze hinzufügen und alles zu einer dicken Suppe weich
kochen. Am Ende mit Pfeffer, Petersilie und etwas Butter
abschmecken.

3.33 Gerstenschrotsuppe

Harntreibend, stärkt Magen, befeuchtet Darm, regt Leberfunktion an,
antioxidativ, fördert Verdauung, entgiftet, reduziert Blutfett, regt an, löst
Stagnation.
Anzahl Portionen: 2
Kalorien p. Portion 265
Gramm p. Portion 201
Kochdauer ca. 25 Min.
Allergene: A
(Kohlehydrat:75,62% / Eiweiß & Fett:24,38%)
100g.≈ Eiweiß 8,17g. Fett:6,42g.
µg. - Ph:56,06 Na:4,73 Ka:103,77 Mg:19,04 Ca:16,65 Fe:0,63 Zn:0,22 Col.:0,01
Hsr.:17,61

Zutaten:
Gerste 1 Tasse / 120g. (ja)
Salz 1 Prise / 1g. (wenig)
Ingwer frisch 1/2 TL / 1g. (ja)
Olivenöl 1 EL / 10g. (ja)
Petersilie 3 EL / 30g. (ja)
Wasser 2 Tassen / 240g. (ja)

Kochanleitung:
Gerste in der Pfanne trocken rösten, anschließend zu Schrot mahlen und mit Wasser, etwas Salz und Ingwer zu einem Brei kochen. Vor dem Servieren Öl und Petersilie unterheben. Variante: Man kann dem Gericht einen noch besseren Geschmack verleihen, indem man es mit vorbereiteter Gemüse- oder Fleischbrühe kocht.

3.34 Getreidekaffee mit Kardamom

Harntreibend, stärkt Magen, befeuchtet Darm, befeuchtet die Haut, entspannt, vermindert Fettgewebe.
Anzahl Portionen: 1
Kalorien p. Portion 4
Gramm p. Portion 136
Kochdauer ca. 5 Min.
(Kohlehydrat:98,58% / Eiweiß & Fett:1,42%)
100g.≈ Eiweiß 0,12g. Fett:0,08g.
µg. - Ph:1,29 Na:1,02 Ka:7,9 Mg:2,49 Ca:5,37 Fe:0,08 Zn:0,09 Col.:0 Hsr.:0

Zutaten:
Getreidekaffee 1 EL / 15g. (ja)
Kardamom 2 Kerne / 1g. (ja)
Wasser 1 Tasse / 120g. (ja)

Kochanleitung:
Wasser, Kaffee, Zucker und Kardamom aufkochen und setzen lassen.

3.35 Grießbrei mit Banane

Reguliert Magen-Darm-Funktion, befeuchtet Darm, entzündungshemmend, antiallergisch, kreislaufstabilisierend, kühlt innere Hitze, gut bei Durchblutungsstörungen.
Anzahl Portionen: 1
Kalorien p. Portion 307
Gramm p. Portion 284

Kochdauer ca.   15 Min.
Allergene: AG
(Kohlehydrat:66,17% / Eiweiß & Fett:33,83%)
100g.≈ Eiweiß 10,58g. Fett:10,73g.
µg. - Ph:116,7 Na:93,56 Ka:218,89 Mg:28,56 Ca:92,08 Fe:0,64 Zn:0,36 Col.:7,61
Hsr.:12,85

Zutaten:
Kuhmilch (Vollmilch 3,5 % Fett) 200 ml / 200g. (ja)
Dinkel Gries 3 EL / 30g. (ja)
Butter Bio 1 TL / 4g. (wenig)
Banane 1/2 Stück / 50g. (ja)

Kochanleitung:
Die Hälfte der Milch in einem kleinen Topf erhitzen, Grieß zufügen und
aufkochen. Bei schwacher Hitze unter ständigem Rühren 3 Min.
ausquellen lassen. Den Topf vom Herd nehmen, nach und nach die
übrige Milch mit dem Schneebesen unterschlagen und den Brei in ein
Schälchen geben. Die Butter und die zermuste Banane zufügen. Für
Erwachsene kann eine Prise Zimt darübergestreut werden.

3.36 Grießsuppe mit Gemüse

Senkt Blutdruck, stärkt Immunsystem, beugt Krebs vor, stärkt Magen,
löst Stagnation, fördert Gewichtsabnahme. Gut bei Abwehrschwäche,
Appetitlosigkeit, Blähungen, Bluthochdruck, Depressionen, Diabetes,
Durchfall, Rheuma, Sodbrennen, Zwölffingerdarmgeschwür.
Anzahl Portionen: 3
Kalorien p. Portion 106
Gramm p. Portion   237,7
Kochdauer ca.   20 Min.
Allergene: AGL
(Kohlehydrat:85,32% / Eiweiß & Fett:14,68%)
100g.≈ Eiweiß 2,38g. Fett:4,25g.
µg. - Ph:8,65 Na:9,11 Ka:25,61 Mg:28,49 Ca:112,45 Fe:0,33 Zn:0,03 Col.:0 Hsr.:5,1

Zutaten:
Grundrezept für eine Gemüsebrühe nahrhaft 1/2 Liter / 500g. (ja)
Weizen Gries 2 EL / 20g. (ja)
Liebstöckel 1/2 TL / 2g. (ja)
Basilikum (frisch) 1/2 TL / 1g. (ja)
Muskatnuss 1 Prise / 0,1g. (ja)
Karotte (Mohrrübe, Möhre) 100 g. / 100g. (ja)
Sellerie Knolle 50 g. / 50g. (ja)
Sahne, süß 30% 3 EL / 30g. (wenig)
Petersilie 1 EL / 10g. (ja)

Kochanleitung:
Grieß ohne Fett in einer Pfanne anrösten. Kleingeschnittene Karotten und Sellerie kurz mitrösten. Mit der Gemüsesuppe aufgießen, mit Liebstöckel und Muskatnuss würzen und 10 Min. köcheln lassen. Vor dem Servieren die Sahne einrühren und mit Petersilie garnieren.

3.37 Grundrezept für eine nahrhafte Gemüsebrühe

Senkt Blutdruck und Blutfett, bakterizid, stärkt Immunsystem, beugt Krebs vor, stärkt Magen, löst Stagnation, fördert Gewichtsabnahme, hilft bei Appetitlosigkeit, Blähungen, Bluthochdruck, Depressionen, Diabetes, Durchfall.

Anzahl Portionen: 5
Kalorien p. Portion 48
Gramm p. Portion 240,6
Kochdauer ca. 2-3 Stunden
Allergene: L
(Kohlehydrat:71,3% / Eiweiß & Fett:28,7%)
100g.≈ Eiweiß 1,57g. Fett:1,31g.
µg. - Ph:4,86 Na:3,67 Ka:25,68 Mg:1,8 Ca:6,32 Fe:0,1 Zn:0,01 Col.:0 Hsr.:2,78

Zutaten:
Olivenöl 1 EL / 4g. (ja)
Zwiebel weiss 1 Stück / 60g. (ja)
Karotte (Mohrrübe, Möhre) 3 Stück / 200g. (ja)
Pastinake 150 g. / 150g. (ja)
Sellerie Knolle 1 Tasse / 100g. (ja)
Ingwer frisch 1/2 TL / 2g. (ja)
Zitrone 1/2 Stück / 25g. (ja)
Wacholderbeere 6 Stück / 6g. (ja)
Thymian getrocknet 1 Prise / 1g. (ja)
Liebstöckel 1 EL / 3g. (ja)
Lorbeerblatt 2 Blätter / 1g. (ja)
Salz 1 Prise / 1g. (wenig)
Wasser 3/4 Liter / 650g. (ja)

Kochanleitung:
Gemüse würfelig schneiden. Öl in einem Topf erhitzen, die Zwiebel und das Gemüse darin anbraten, Ingwer und Lorbeer zugeben. Mit kaltem Wasser aufgießen, Zitronensaft zufügen und mit Wacholder, Thymian und Liebstöckel würzen. 2-3 Std. auf kleiner Stufe zugedeckt köcheln lassen. Brühe durch ein Sieb streichen und im Kühlschrank aufbewahren. Sie dient als Suppengrundlage und verfeinert Gemüse, Hülsenfrüchte oder Getreide.

3.38 Grundrezept für eine Reissuppe (Congee)

Niedriger Fettgehalt, zur Entwässerung des Körpers bei Übergewicht und Bluthochdruck.

Anzahl Portionen: 3
Kalorien p. Portion   140
Gramm p. Portion   273,33
Kochdauer ca.   2-4 Stunden
(Kohlehydrat:89,71% / Eiweiß & Fett:10,29%)
100g.≈ Eiweiß 2,96g. Fett:0,48g.
µg. - Ph:5,85 Na:0,58 Ka:5,02 Mg:3,41 Ca:1,72 Fe:0,03 Zn:0,02 Col.:0 Hsr.:6,34

Zutaten:
Reis Sorte beliebig 1 Tasse / 120g. (ja)
Wasser 6 Tassen / 700g. (ja)

Kochanleitung:
Man kocht Reis und Wasser in einem Verhältnis von etwa 1:6. Die Menge des Wassers bestimmt die Dicke des Breis (reine Geschmackssache). Der Reis quillt unwahrscheinlich auf, nehmen Sie also nicht viel. Geben Sie den Reis in einen Topf mit einem schweren Deckel. Wichtig ist, den Reis nach kurzem Aufkochen nur auf kleinster Stufe köcheln zu lassen, da er sonst anbrennt. Kochen Sie den Reis 2-4 Stunden. Je länger er kocht, desto stärkender wirkt er. Wenn Sie das Gericht zum Frühstück essen möchten, können Sie den Reis auch kurz vor dem Zubettgehen aufsetzen. Sicherheitshalber sollten Sie vorher einmal unter Beobachtung für eine ähnlich lange Zeit das Verhalten Ihres Topfes und Herdes prüfen, damit nichts anbrennt.

3.39 Gurkensuppe

Kühlt und befeuchtet, harntreibend, entgiftend, unterdrückt Umwandlung von Zucker in Fett, senkt Cholesterinspiegel, beugt Krebs vor, fördert Verdauung, schweißtreibend, reduziert Wind, gegen Hefepilzinfektionen.

Anzahl Portionen: 4
Kalorien p. Portion   96
Gramm p. Portion   235,38
Kochdauer ca.   20 min.
Allergene: M
(Kohlehydrat:22,18% / Eiweiß & Fett:77,82%)
100g.≈ Eiweiß 0,92g. Fett:9,03g.
µg. - Ph:2,67 Na:1,28 Ka:15,59 Mg:1,17 Ca:2,57 Fe:0,06 Zn:0,01 Col.:0 Hsr.:0,85

Zutaten:
Olivenöl 2 EL / 35g. (ja)
Gurke 2 Stück / 400g. (ja)
Wasser 1/2 Liter / 500g. (ja)
Salbei 3 Blätter / 3g. (ja)
Senf 1/2 TL / 0,5g. (ja)
Koriander 1 Prise / 1g. (ja)
Kardamom 1 Prise / 1g. (ja)
Salz 1 Prise / 1g. (wenig)

Kochanleitung:
Öl erhitzen und die klein geschnittenen Gurken kurz darin anbraten.
Senfkörner, Koriander, Kardamom und Salz dazugeben
und kurz mitbraten. Mit dem Wasser übergießen und 10-15 Min.
köcheln lassen. Pürieren und mit frisch gehacktem Salbei garnieren.

3.40 Hafer-Congee

Stärkt Abwehrkraft, unterstützt Wehen.
Anzahl Portionen: 3
Kalorien p. Portion   162
Gramm p. Portion   275
Kochdauer ca.   2-4 Stunden
Allergene: A
(Kohlehydrat:73,58% / Eiweiß & Fett:26,42%)
100g.≈ Eiweiß 7,04g. Fett:2,88g.
µg. - Ph:17,27 Na:0,69 Ka:17,93 Mg:6,8 Ca:5,45 Fe:0,3 Zn:0,09 Col.:0 Hsr.:7,53

Zutaten:
Hafer 1 Tasse / 125g. (ja)
Wasser 6 Tassen / 700g. (ja)

Kochanleitung:
Hafer und Wasser in einem Verhältnis von etwa 1:6 kochen. Die Menge
des Wassers bestimmt die Dicke des Breis (reine Geschmackssache).
Der Hafer quillt auf, nehmen Sie also nicht zu viel. Geben Sie den Hafer
in einen Topf mit guter Isolierung und schwerem Deckel. Wichtig ist,
den Hafer nach kurzem Aufkochen nur noch auf kleinster Flamme
köcheln zu lassen, da er sonst anbrennt. Kochen Sie den Hafer 2-4
Stunden. Je länger er gekocht hat, desto stärkender wirkt er.

3.41 Haferflocken mit aromatischen Gewürzen

Stoppt Durchfall, fördert Verdauung, Appetit anregend, harmonisiert Magen, lindert Durchfall, stärkt Abwehrkraft, wirkt entgiftend und stimuliert das Immunsystem. Alginsäure kann zur Entgiftung des Darmes beitragen.

Anzahl Portionen: 3
Kalorien p. Portion 281
Gramm p. Portion 208
Kochdauer ca. 25 min.
Allergene: AH
(Kohlehydrat:69,06% / Eiweiß & Fett:30,94%)
100g.≈ Eiweiß 6,74g. Fett:10,73g.
µg. - Ph:33,91 Na:2,34 Ka:51,76 Mg:12,79 Ca:8,03 Fe:0,44 Zn:0,11 Col.:0 Hsr.:12,35

Zutaten:
Hafer Flocken (Vollkorn) 1 Tasse / 125g. (ja)
Walnüsse 1 EL / 15g. (wenig)
Haselnüsse 1 EL / 15g. (wenig)
Wasser 2 Tassen / 240g. (ja)
Wakame 2 cm. / 2g. (ja)
Apfel (süß) 1 Stück / 220g. (ja)
Kardamom 3-4 Kapseln / 2g. (ja)
Zitronenmelisse (frisch) 3-4 Blätter / 3g. (ja)
Acerola Fruchtnektar oder Pulver 1 TL / 2g. (ja)

Kochanleitung:
Haferflocken und Nüsse rösten und mit heißem Wasser aufgießen. Kardamom und Wakame 20 Min. darin kochen. Geriebenen Apfel, Acerola und Zitronenmelisse zugeben.

3.42 Haferflockensuppe mit Frühlingszwiebeln und Karotten

Senkt Blutdruck, ist bakterizid, stärkt Immunsystem, beugt Krebs vor, reduziert Strahlenverletzungen, regt Verdauung an, reduziert Schmerzen, fördert Appetit, löst Stagnation.

Anzahl Portionen: 3
Kalorien p. Portion 135
Gramm p. Portion 266,33
Kochdauer ca. 30 min.
Allergene: AG
(Kohlehydrat:64,93% / Eiweiß & Fett:35,07%)
100g.≈ Eiweiß 3,87g. Fett:5,6g.
µg. - Ph:11,02 Na:3,09 Ka:23,66 Mg:4,24 Ca:7,66 Fe:0,29 Zn:0,05 Col.:0,5 Hsr.:4,9

Zutaten:
Hafer 6 EL / 48g. (ja)
Karotte (Mohrrübe, Möhre) 2 Stück / 200g. (ja)
Butter Bio 1 EL / 15g. (wenig)
Muskatnuss 1 Prise / 1g. (ja)
Liebstöckel 1 Stiel / 15g. (ja)
Zwiebel Frühlingszwiebel 2 Stück / 40g. (ja)
Wasser 1/2 Liter / 480g. (ja)

Kochanleitung:
Haferflocken in Butter anrösten, Salz und Gewürze zugeben, mit
Wasser aufgießen und aufkochen lassen. Nach 10 Min. die geriebenen
Karotten und den Liebstöckel zufügen und weitere 10 Min. kochen.
Zwiebeln fein schneiden und dazugeben.

3.43 Herzhafter Polentabrei

Stärkt Milz und Magen, harntreibend, fördert Verdauung, entgiftet, treibt
Schweiß, reduziert Blutfett, regt an, löst Stagnation, fördert Appetit.
Anzahl Portionen: 2
Kalorien p. Portion 262
Gramm p. Portion 207,5
Kochdauer ca. 10 Min.
(Kohlehydrat:80% / Eiweiß & Fett:20%)
100g.≈ Eiweiß 5,65g. Fett:5,94g.
µg. - Ph:6,71 Na:0,73 Ka:11,2 Mg:2,2 Ca:2,17 Fe:0,09 Zn:0,05 Col.:0 Hsr.:2,46

Zutaten:
Mais Gries (Polenta) 1 Tasse / 120g. (ja)
Zwiebel Frühlingszwiebel 2 Stück / 40g. (ja)
Ingwer frisch 1/2 TL / 2g. (ja)
Muskatnuss 1 Prise / 1g. (ja)
Salz 1 Prise / 1g. (wenig)
Olivenöl 1 EL / 10g. (ja)
Kurkuma (Gelbwurz) 1 Prise / 1g. (ja)
Wasser 2 Tassen / 240g. (ja)

Kochanleitung:
Polenta in kochendes Wasser einrühren und quellen lassen.
Frühlingszwiebel, geriebenen Ingwer, Kurkuma, Muskat, Salz und
Olivenöl zugeben und weiter ziehen lassen.

3.44 Hirse mit Birnen

Erfrischend und nährend, fördert Verdauung, harntreibend, stillt Husten, treibt Schweiß, senkt Blutfett, regt an, löst Stagnation, baut Leber auf, stärkt Muskeln, befeuchtet Darm, senkt Cholesterinspiegel, antiparasitär.

Anzahl Portionen: 5
Kalorien p. Portion 213
Gramm p. Portion   238,4
Kochdauer ca.   35 Min.
Allergene: G
(Kohlehydrat:85,54% / Eiweiß & Fett:14,46%)
100g.≈ Eiweiß 3,91g. Fett:3,24g.
µg. - Ph:9,48 Na:0,56 Ka:21,43 Mg:4,96 Ca:2,64 Fe:0,24 Zn:0,02 Col.:0 Hsr.:3,84

Zutaten:
Hirse 1 Tasse / 120g. (ja)
Wasser 2 Tassen / 200g. (ja)
Traubensaft rot 2 Tassen / 240g. (ja)
Birne 4 Stück / 600g. (ja)
Ingwer frisch 1/2 TL / 2g. (ja)
Salz 1 Prise / 1g. (wenig)
Acerola Fruchtnektar oder Pulver 1 TL / 2g. (ja)
Kakao 1 Prise / 1g. (wenig)
Sonnenblumenkerne 2 EL / 4g. (ja)
Gerstenmalz 1/2 TL / 2g. (ja)
Sahne, süß 30% 2 TL / 20g. (wenig)

Kochanleitung:
Hirse in heißem Wasser aufsetzen und gar kochen. Danach: Traubensaft im Topf erwärmen und kleingeschnittene Birnen, sehr wenig geriebenen Ingwer, eine kleine Prise Salz, Acerola und eine Prise Kakao dazugeben und kurz andünsten. Die gekochte Hirse, Sonnenblumenkerne, etwas Gerstenmalz nach Belieben, 1 TL Sahne pro Portion oder etwas Butter untermengen und erhitzen.

3.45 Kalte Kirschsuppe mit Quarkklößchen

Fördert die Durchblutung, lindert Entzündungen, abführend, stärkende Wirkung auf die Verdauung, reinigt und beruhigt den Darm. Gut bei Körperschwäche, Magendruck, Aufstoßen, Diabetes, akute oder chronische Verstopfung.

Anzahl Portionen: 2
Kalorien p. Portion 320
Gramm p. Portion   314,5
Kochdauer ca.   2 Stunden

Allergene: GO
(Kohlehydrat:69,75% / Eiweiß & Fett:30,25%)
100g.≈ Eiweiß 7,98g. Fett:15,19g.
µg. - Ph:24,08 Na:6,18 Ka:60,77 Mg:5,2 Ca:21,84 Fe:0,17 Zn:0,05 Col.:1,47 Hsr.:4,76

Zutaten:
Kirschenkompott 450 g. / 450g. (ja)
Agar-Agar, Agartang 1/2 TL / 1,5g. (ja)
Topfen (Quark) 20% 100 g. / 100g. (wenig)
Sauerrahm 15% Fett 50 g. / 50g. (ja)
Vanillezucker natur 1 Paket / 1g. (ja)
Zucker braun 1 EL / 10g. (ja)
Zimtpulver 1 Prise / 0,5g. (ja)
Zitrone Schale 1 Prise / 1g. (ja)
Wasser 2 EL / 15g. (ja)

Kochanleitung:
Kirschkompott abseihen. Die Hälfte der Kirschen und den Kirschsaft mit dem Mixer fein pürieren und durch ein Sieb streichen. Das Agar-Agar-Pulver mit 2 EL kalten Wasser glatt rühren und das Kirschpüree unter Rühren zum Kochen bringen. Agar-Agar-Lösung untermischen und das Kirschpüree 1 Min. unter Rühren leicht kochen lassen. Heißes Kirschpüree auf zwei Suppenteller verteilen und die restlichen Kirschen in die Suppe geben. Kirschsuppe 2 Std. kalt stellen, bis sie leicht geliert. Mit dem Handmixer Quark, Sauerrahm, Zucker, Vanillezucker, Zimt und Zitronenschale zu einer glatten, festen Creme rühren. Aus der Creme mit dem Esslöffel kleine Klößchen stechen und in die Kirschsuppe setzen.

3.46 Karottendrink

Stärkt Milz und Leber, senkt Blutdruck, bakterizid, stärkt Immunsystem, beugt Krebs vor, reduziert Strahlenverletzungen, harntreibend, aufbauend, augenstärkend, entgiftend, gewebe- und nervenstärkend.
Anzahl Portionen: 1
Kalorien p. Portion 143
Gramm p. Portion 265
Kochdauer ca. 15 Min.
Allergene: H
(Kohlehydrat:81% / Eiweiß & Fett:19%)
100g.≈ Eiweiß 3,78g. Fett:2,5g.
µg. - Ph:43,4 Na:22,3 Ka:117,79 Mg:18,2 Ca:36,26 Fe:1,83 Zn:0,55 Col.:0 Hsr.:17,98

Zutaten:
Hirseflocken 1 EL / 10g. (ja)
Karotte (Mohrrübe, Möhre) 400 g. / 200g. (ja)
Mandelmus 1 TL / 3g. (ja)
Honig 1/2 TL / 2g. (ja)
Wasser 50 ml. / 50g. (ja)

Kochanleitung:
Hirseflocken mit 50 ml kaltem Wasser übergießen und 10 Min. quellen lassen. Die frischen Karotten entsaften oder 200 ml Karottensaft verwenden. Hirseflocken, Karottensaft, Mandelmus und Honig mit dem Mixer fein pürieren.

3.47 Karotten-Hirse-Auflauf mit Apfelkompott

Stärkt Milz und Leber, senkt Blutdruck, bakterizid, stärkt Immunsystem, beugt Krebs vor, reduziert Strahlenverletzungen, beruhigt Nerven und Magen, harntreibend. Gut bei chronischer Verstopfung.
Anzahl Portionen: 7
Kalorien p. Portion 349
Gramm p. Portion 347,86
Kochdauer ca. 1 Stunde
Allergene: CGH
(Kohlehydrat:64% / Eiweiß & Fett:36%)
100g.≈ Eiweiß 12,54g. Fett:12,54g.
µg. - Ph:1,79 Na:0,66 Ka:2,7 Mg:0,54 Ca:1,07 Fe:0,03 Zn:0,01 Col.:0,83 Hsr.:0,28

Zutaten:
Hirse 200 g / 200g. (ja)
Kuhmilch (Vollmilch 3,5 % Fett) 500 ml / 450g. (ja)
Zitrone Schale 1/2 Stück / 2g. (ja)
Zucker braun 2 EL / 20g. (ja)
Karotte (Mohrrübe, Möhre) 400 g. / 400g. (ja)
Ingwer frisch 2 TL / 6g. (ja)
Acerola Fruchtnektar oder Pulver 1 TL / 2g. (ja)
Mandelmus 50 g. / 50g. (ja)
Huhn Ei 4 Stück / 240g. (wenig)
Joghurt (natur, 1,5 % Fett) 150 g. / 150g. (ja)
Butter Bio 1 TL / 4g. (wenig)
Apfel (sauer) 4 Stück / 600g. (ja)
Wasser 300 ml. / 300g. (ja)
Nelke 2 Stück / 1g. (ja)
Zucker braun 1 EL / 10g. (ja)

Kochanleitung:
Backofen auf 100 Grad (Umluft 8o Grad, Gas Stufe 2) vorheizen. Die Hirse mit Milch, Zitronenschale und Zucker zum Kochen bringen. Zugedeckt 5 Min. leicht köcheln lassen und dann zugedeckt im vorgeheizten Ofen 20 Min. ausquellen lassen. Ofen auf mittlere Hitze schalten. Äpfel schälen und in kleine Stücke schneiden und mit Wasser, Nelken und Zucker etwa 5 Min. kochen. In einer Schüssel die Hirse mit den geriebenen Karotten, dem feingehackten Ingwer und Acerola vermischen. Mandelmus (oder Butter) mit dem Handrührgerät verrühren. Eigelb dazugeben und alles zu einer glatten Creme rühren. Sauerrahm, Hirse und Karotten untermischen. Eiweiß sehr steif schlagen und unter die Hirsemasse heben. Eine Auflaufform mit Butter ausstreichen, die Hirsemasse einfüllen und im vorgeheizten Ofen bei milder Hitze 45 Min. backen. Mit dem Apfelkompott servieren.

3.48 Karotten-Kartoffel-Rucola Brötchen

Lindert Entzündungen, verbessert Verdauung, harntreibend, senkt Cholesterinspiegel, stärkt Immunsystem, beugt Krebs vor, löst Verstopfung (ballaststoffreich), löst Stagnation.
Anzahl Portionen: 4
Kalorien p. Portion 94
Gramm p. Portion 116,25
Kochdauer ca. 20 Min.
Allergene: AG
(Kohlehydrat:55% / Eiweiß & Fett:45%)
100g.≈ Eiweiß 2,68g. Fett:2,83g.
µg. - Ph:4,15 Na:4,56 Ka:16,7 Mg:1,23 Ca:1,78 Fe:0,06 Zn:0,03 Col.:0,25 Hsr.:1,27

Zutaten:
Kartoffel (mehlige) 200 g / 200g. (ja)
Karotte (Mohrrübe, Möhre) 1 Stück / 50g. (ja)
Sauerrahm 15% Fett 3 EL / 45g. (ja)
Zwiebel Frühlingszwiebel 1 Stück / 20g. (ja)
Rucola Rauke 1/2 Bund / 100g. ()
Zitrone Schale 1/4 TL / 1g. (ja)
Salz 1 Prise / 1g. (wenig)
Pfeffer gemahlen 1 Prise / 0,2g. ()
Vollkornbrot 8 Scheiben / 48g. (ja)

Kochanleitung:
Kartoffeln in der Schale weich kochen, abziehen und durch die Kartoffelpresse drücken. Gemüsebrühe nach Grundrezept kochen und eine Karotte nach kurzer Garzeit herausnehmen und mit der Gabel fein zerdrücken. Kartoffeln, Karotten, abgeriebene Zitronenschale und

Sauerrahm zu einer glatten Creme verrühren. Karotten-Kartoffel-Creme mit fein geschnittenem Rucola verrühren. Den Aufstrich mit Salz und Pfeffer abschmecken und die Brote bestreichen. Mit den fein geschnittenen Jungzwiebeln bestreuen.

3.49 Karotten-Risotto

Stärkt Immunsystem, beugt Krebs vor, löst Stagnation, regt Leberfunktion an. Gut bei Appetitlosigkeit, Blähungen, Bluthochdruck, Depressionen, Diabetes, Durchfall.

Anzahl Portionen: 2
Kalorien p. Portion 308
Gramm p. Portion 340,8
Kochdauer ca. 45 Min.
Allergene: GL
(Kohlehydrat:83,67% / Eiweiß & Fett:16,33%)
100g.≈ Eiweiß 8,5g. Fett:5,99g.
µg. - Ph:27,11 Na:19,13 Ka:58,22 Mg:32,31 Ca:116,16 Fe:0,67 Zn:0,11 Col.:0,3 Hsr.:14,66

Zutaten:
Olivenöl 1/2 EL / 5g. (ja)
Zwiebel Frühlingszwiebel 2 EL / 7g. (ja)
Muskatnuss 1 Prise / 0,3g. (ja)
Petersilie 1/2 Bund / 25g. (ja)
Reis Sorte beliebig 100 g. / 100g. (ja)
Karotte (Mohrrübe, Möhre) 250 g. / 250g. (ja)
Grundrezept für eine Gemüsebrühe nahrhaft 300 ml. / 280g. (ja)
Fenchelsamen gemahlen 1/4 TL / 1g. (ja)
Basilikum (frisch) 1/2 TL / 2g. (ja)
Salz 1 Prise / 1g. (wenig)
Pfeffer gemahlen 1 Prise / 0,3g. ()
Parmesan 1 EL / 10g. (wenig)

Kochanleitung:
In einer flachen Pfanne das Öl erhitzen, die Zwiebeln darin glasig und sehr weich dünsten. Petersilie zugeben und kurz andünsten. Reis, Karotten und Muskat zufügen und unter Rühren kurz andünsten. Mit der Gemüsebrühe aufgießen, mit Fenchel und Basilikum würzen, alles zum Kochen bringen und ca. 20 Min. kochen, bis Reis und Karotten gut durch sind. Dabei ab und zu umrühren und bei Bedarf etwas Gemüsebrühe nachgießen. Das Risotto soll leicht suppig sein. Kurz vor Ende der Garzeit den Weißwein untermischen und das Risotto noch kurz aufköcheln lassen, dann vom Herd nehmen und Parmesan untermischen.

3.50 Kartoffel-Basilikumsuppe

Lindert Entzündungen, fördert Verdauung, harntreibend, senkt Cholesterinspiegel und Blutdruck, bakterizid, stärkt Immunsystem, beugt Krebs vor, reduziert Strahlenverletzungen, antioxidativ, löst Stagnation.

Anzahl Portionen: 4
Kalorien p. Portion 96
Gramm p. Portion 330,12
Kochdauer ca. 25 min.
Allergene: L
(Kohlehydrat:68,68% / Eiweiß & Fett:31,32%)
100g.≈ Eiweiß 3,24g. Fett:2,99g.
µg. - Ph:7,65 Na:13,39 Ka:52,12 Mg:2,43 Ca:11,65 Fe:0,11 Zn:0,01 Col.:0 Hsr.:7,59

Zutaten:
Wasser 500 ml / 450g. (ja)
Kartoffel 4 Stück / 200g. (ja)
Karotte (Mohrrübe, Möhre) 2 Stück / 100g. (ja)
Sellerie Knolle 1 Stück / 500g. (ja)
Pfeffer gemahlen 1 Prise / 0,5g. ()
Kümmel 1 Prise / 1g. (ja)
Knoblauch 1 Zehe / 3g. (ja)
Salz 1 Prise / 1g. (wenig)
Zitrone 1 TL / 3g. (ja)
Basilikum (frisch) 1 Bund / 50g. (ja)
Paprika (Rosenpaprikapulver) 1 Prise / 1g. (ja)
Zucker Ursüße (Zuckerrohr) süß 1 Prise / 1g. (ja)
Olivenöl 1 EL / 10g. (ja)

Kochanleitung:
4 mittelgroße Kartoffeln, 2 mittelgroße Karotten und 1 Stück Knollensellerie geschält und kleingeschnitten in heißes Wasser geben und zusammen mit einer Prise Pfeffer und Salz, einer Prise gemahlenem Kümmel, einer kleinen zerdrückten Knoblauchzehe und 1 TL Zitronensaft köcheln, bis das Gemüse weich ist. Von 1 Bund Basilikum (fein gehackt) eine Hälfte in die Suppe geben und alles pürieren. Die andere Hälfte anschließend unterrühren und mit Rosenpaprika, einer Prise Vollrohrzucker, 1 EL Olivenöl oder Butter, frisch gemahlenem Pfeffer und Salz abschmecken.

3.51 Kartoffel-Gnocchi mit Gemüse und Basilikumsoße

Stärkt Immunsystem, fördert Gewichtsabnahme, entkrampft, beruhigt.
Gut bei Abwehrschwäche, Appetitlosigkeit, Blähungen, Bluthochdruck.

Anzahl Portionen: 4
Kalorien p. Portion 166
Gramm p. Portion 290,25
Kochdauer ca. 1 Stunde
Allergene: ACGL
(Kohlehydrat:75% / Eiweiß & Fett:25%)
100g.≈ Eiweiß 6,54g. Fett:4,63g.
µg. - Ph:3,26 Na:1,11 Ka:13,57 Mg:2,45 Ca:9,39 Fe:0,06 Zn:0,02 Col.:1,36 Hsr.:1,49

Zutaten:
Kartoffel 250 g. / 250g. (ja)
Weizen Mehl 25 g. / 25g. (ja)
Weizen Gries 15 g. / 15g. (ja)
Huhn Eigelb 1 Stück / 20g. (wenig)
Muskatnuss 1 Prise / 0,2g. (ja)
Grundrezept für eine Gemüsebrühe nahrhaft 250 ml. / 250g. (ja)
Sellerie Knolle 50 g. / 50g. (ja)
Zitrone Schale 1/2 TL / 2g. (ja)
Ingwer frisch 1/2 TL / 2g. (ja)
Muskatnuss 1 Prise / 0,2g. (ja)
Basilikum (frisch) 1 Bund / 125g. (ja)
Creme fraiche 1 EL / 20g. (wenig)
Salz 1 Prise / 1g. (wenig)
Pfeffer gemahlen 1 Prise / 0,2g. ()
Karotte (Mohrrübe, Möhre) 100 g. / 100g. (ja)
Zucchini 100 g. / 100g. (ja)
Blumenkohl (Karfiol) 100 g. / 100g. (ja)
Brokkoli 100 g. / 100g. (ja)
Salz 1 Prise / 1g. (wenig)

Kochanleitung:
Kartoffeln in der Schale weich dämpfen, abziehen und heiß durch die
Kartoffelpresse drücken. Die heißen Kartoffeln mit Mehl, Grieß, Ei,
Muskat und Salz zu einem glatten Teig verarbeiten. Teig 3o Min. ruhen
lassen. Aus dem Teig mit mehlbestäubten Händen kleine Röllchen (2
cm) formen und davon 1 cm dünne Scheibchen abschneiden. Damit die
typische Gnocchiform entsteht, die Teigscheibchen mit dem Daumen
etwas eindellen. Gnocchi in leicht kochendem Salzwasser 6-8 Min.
ziehen lassen und mit dem Schaumlöffel aus dem Topf heben.
Gemüsebrühe zum Kochen bringen. Würfelig geschnittenen Sellerie,
geriebene Zitronenschale, feingehackten Ingwer und eine gute Prise

Muskat zufügen. Zugedeckt ca. 10 Min. köcheln lassen und alles zusammen mit gehacktem Basilikum und der Crème fraîche mit dem Mixstab zu einer glatten Soße pürieren. Mit Salz und Muskat abschmecken. Karotten, Zucchini, Blumenkohl und Brokkoli kleinschneiden und zugedeckt in einem Siebeinsatz über Wasserdampf in 8 Min. bissfest garen. Soße nochmals erhitzen, zum Gemüse geben und über den Gnocchi anrichten.

3.52 Kartoffeltaschen mit Wildkräutern an Tomatensoße

Stärkt Milz, lindert Entzündungen, verbessert Verdauung, löst Stagnation, entschlackend, reinigt die Nieren, unterstützend bei Prostatabeschwerden. Gut bei Appetitlosigkeit, Blähungen, Darmentzündung. Regt Leberfunktion an, harntreibend.

Anzahl Portionen: 5
Kalorien p. Portion 418
Gramm p. Portion   346,14
Kochdauer ca.   45 Min.
Allergene: ACG
(Kohlehydrat:62,47% / Eiweiß & Fett:37,53%)
100g.≈ Eiweiß 16,88g. Fett:16,11g.
µg. - Ph:22,3 Na:7,21 Ka:58,22 Mg:4,83 Ca:20,61 Fe:0,19 Zn:0,03 Col.:0,78 Hsr.:11,88

Zutaten:
Olivenöl 1 EL / 10g. (ja)
Zwiebel weiss 1 Stück / 50g. (ja)
Knoblauch 1 Stück / 2g. (ja)
Tomatenpüre 400 g. / 400g. (ja)
Salz 1 Prise / 1g. (wenig)
Pfeffer gemahlen 1 Prise / 0,5g. ()
Sahne, süß 30% 1 EL / 10g. (wenig)
Kartoffel 650 g. / 650g. (ja)
Weizen Mehl 200 g / 200g. (ja)
Huhn Ei 1 Stück / 60g. (wenig)
Salz 1 Prise / 1g. (wenig)
Pfeffer gemahlen 1 Prise / 0,5g. ()
Muskatnuss 1 Prise / 0,2g. (ja)
Brennnessel 50 g. / 50g. (ja)
Löwenzahn (junger) 30 g. / 30g. (ja)
Schafgarbe 30 g. / 30g. (ja)
Kerbel getrocknet 10 g. / 10g. (ja)
Spitzwegerichtee 10 g. / 10g. (ja)
Petersilie 50 g. / 50g. (ja)
Olivenöl 1 EL / 10g. (ja)

Knoblauch 1 Stück / 2g. (ja)
Topfen (Quark) 20% 4 EL / 40g. (wenig)
Mayonnaise 50% 1 EL / 10g. (wenig)
Salz Kräutersalz 1/2 TL / 2g. (wenig)
Schwarzkümmel 1 Prise / 1g. (ja)
Pfeffer gemahlen 1 Prise / 0,5g. ()
Emmentaler 10 dag. / 100g. (wenig)

Kochanleitung:
Tomatensoße: Öl erhitzen und in Würfel geschnittene Zwiebel mit dem
zerdrückten Knoblauch darin andünsten. Tomatenpüree zu den
Zwiebeln geben, 2 Min. unter Rühren eindicken lassen, mit Salz und
Pfeffer würzen, die Sahne zufügen und in eine feuerfeste Form füllen.
Kartoffelteig: Festkochende Kartoffeln gar kochen, schälen und
durchpressen. In einer Schüssel mit Mehl, Parmesan, Ei und Gewürzen
vermengen. Den Teig auf einer leicht bemehlten Arbeitsfläche ausrollen
und in 5 cm große Vierecke schneiden.
Kräuterfüllung: Kräuter hacken und mit Öl, Knoblauch, Quark,
Mayonnaise, Kräutersalz, zerstoßenem Schwarzkümmel und Pfeffer zu
einer cremigen Masse vermischen. Mit einem Löffel jeweils etwas von
der Füllung auf die Teigvierecke geben, zu einem Dreieck
zusammenklappen, Ränder festdrücken und die Taschen in reichlich
Salzwasser gar ziehen lassen, bis sie oben schwimmen. Auf die
Tomaten geben, mit dem geriebenen Käse bestreuen und im Ofen
goldbraun überbacken.

3.53 Kohlrabi in Kerbelsoße mit Kartoffeln

Lindert Entzündungen, senkt Cholesterinspiegel, harntreibend, leitet
Darmwinde ab, stärkt Immunsystem, beugt Krebs vor, fördert
Gewichtsabnahme. Gut bei Appetitlosigkeit, Blähungen, Bluthochdruck,
Depressionen, Diabetes, Durchfall.
Anzahl Portionen: 4
Kalorien p. Portion 188
Gramm p. Portion 316,85
Kochdauer ca. 1 Stunde
Allergene: GL
(Kohlehydrat:79,34% / Eiweiß & Fett:20,66%)
100g.≈ Eiweiß 8,67g. Fett:2,51g.
µg. - Ph:11,79 Na:4,12 Ka:100,2 Mg:13,9 Ca:60,61 Fe:0,16 Zn:0,02 Col.:0,06 Hsr.:3,63

Zutaten:
Kartoffel 6 Stück / 450g. (ja)
Grundrezept für eine Gemüsebrühe nahrhaft 300 ml. / 300g. (ja)
Kartoffel 100 g. / 100g. (ja)

Muskatnuss 1 Prise / 0,2g. (ja)
Zitrone Schale 1/2 TL / 2g. (ja)
Ingwer frisch 1/2 TL / 2g. (ja)
Liebstöckel 1/2 TL / 2g. (ja)
Kohlrabi 300 g. / 300g. (ja)
Salz 1 Prise / 1g. (wenig)
Pfeffer gemahlen 1 Prise / 0,2g. ()
Sauerrahm 15% Fett 3 EL / 30g. (ja)
Kerbel getrocknet 1 Bund / 80g. (ja)

Kochanleitung:
Die 6 Kartoffeln in Salzwasser weich kochen. Die Hälfte der
Gemüsebrühe zum Kochen bringen. 100G gewürfelte Kartoffeln,
Muskat, Zitronenschale, Ingwer und Liebstöckel dazugeben. Kartoffeln
zugedeckt ca. 10 Min. weich kochen und alles mit dem Mixstab zu einer
glatten Soße pürieren. Restliche Gemüsebrühe zum Kochen bringen.
Kohlrabi in Würfel schneiden, zufügen und zugedeckt ca. 8 Min.
kochen. Die Kartoffelsoße unterrühren und alles kurz erhitzen. Mit dem
Mixstab Kerbel und Sauerrahm fein pürieren. Die Kerbelcreme mit dem
Kohlrabigemüse vermischen und mit den gekochten und geschälten
Kartoffeln anrichten.

3.54 Kürbis-Joghurt-Suppe

Befeuchtet, entspannt, senkt Blutdruck, stärkt Immunsystem, fördert
Gewichtsabnahme. Gut bei Abwehrschwäche, Appetitlosigkeit,
Blähungen, Depressionen, Diabetes, Durchfall.
Anzahl Portionen: 4
Kalorien p. Portion 68
Gramm p. Portion 239
Kochdauer ca. 15 Min.
Allergene: GL
(Kohlehydrat:82,83% / Eiweiß & Fett:17,17%)
100g.≈ Eiweiß 2,37g. Fett:1,31g.
µg. - Ph:7,17 Na:3,58 Ka:26,41 Mg:11,21 Ca:43,83 Fe:0,07 Zn:0,01 Col.:0,05 Hsr.:1,4

Zutaten:
Grundrezept für eine Gemüsebrühe nahrhaft 300 ml. / 300g. (ja)
Hokkaidokürbis 500 g. / 500g. (ja)
Ingwer frisch 1/2 TL / 2g. (ja)
Fenchelsamen gemahlen 1/2 TL / 1g. (ja)
Anis (gemeiner Fenchel) 1/4 TL / 1g. (ja)
Joghurt (natur, 1,5 % Fett) 150 g. / 150g. (ja)
Pfefferminze 2 Blätter / 1g. (ja)
Salz 1 Prise / 1g. (wenig)

Kochanleitung:
Gemüsebrühe (nach Grundrezept) zum Kochen bringen. Gewürfelten Kürbis, kleingehackten Ingwer, zerstoßene Fenchelsamen und Anis dazugeben und Suppe zugedeckt ca. 12 Min. köcheln lassen, bis der Kürbis weich ist und dann vom Herd nehmen. Mit dem Mixstab die Suppe mit dem Joghurt fein pürieren und mit feingehackter Minze bestreut servieren.

3.55 Kürbisklößchen mit Tomaten-Petersiliensoße

Schont die Verdauungsorgane, beruhigt Nerven und Magen, hilft Fett zu verdauen, senkt Blutdruck, regt Leberfunktion an, löst Stagnation. Gut bei Appetitlosigkeit, Blähungen.

Anzahl Portionen: 2
Kalorien p. Portion 381
Gramm p. Portion 277,35
Kochdauer ca. 30 Min.
Allergene: ACG
(Kohlehydrat:60,39% / Eiweiß & Fett:39,61%)
100g.≈ Eiweiß 20,46g. Fett:11,68g.
µg. - Ph:70,84 Na:40,59 Ka:124,45 Mg:12,56 Ca:44,62 Fe:0,87 Zn:0,25 Col.:22,16 Hsr.:24,25

Zutaten:
Hokkaidokürbis 100 g. / 100g. (ja)
Huhn Ei 2 Stück / 120g. (wenig)
Weizen Mehl 100-150 g. / 120g. (ja)
Salz 1 Prise / 1g. (wenig)
Pfeffer gemahlen 1 Prise / 0,5g. ()
Muskatnuss 1 Prise / 0,2g. (ja)
Zitrone Schale 1/2 TL / 2g. (ja)
Parmesan 2 EL / 20g. (wenig)
Zwiebel Frühlingszwiebel 2 Stück / 40g. (ja)
Tomate 100 g. / 100g. (ja)
Petersilie 1/2 Bund / 50g. (ja)
Salz 1 Prise / 1g. (wenig)

Kochanleitung:
Kürbis mit einem scharfen Messer schälen, die Kerne entfernen und das Fruchtfleisch in große Würfel schneiden. Kürbis in Alufolie wickeln und im vorgeheizten Ofen bei 200 Grad 20 Min. backen. Eventuell ausgetretenen Kürbissaft abgießen. Kürbis mit der Gabel fein zerdrücken und mit den Eiern verrühren. So viel Mehl zugeben, bis ein Teig entstanden ist, aus welchem sich Klößchen abstechen lassen. Die

Masse mit Zitronenschale, Salz, Pfeffer und Muskat würzen. Mit einem Teelöffel kleine Klößchen abstechen und im kochenden Salzwasser ca. 7 Min. ziehen lassen. In einer Pfanne die Zwiebeln glasig rösten und die Tomatenwürfel, Salz und die gehackte Petersilie kurz mit andünsten. Kürbisklößchen portionsweise mit der Tomaten-Petersilien-Soße anrichten und Parmesan dazu reichen.

3.56 Kürbissuppe

Fördert Verdauung, stärkt Magen und Milz, senkt Blutdruck, bakterizid, stärkt Immunsystem, beugt Krebs vor, reduziert Strahlenverletzungen, regeneriert Haut, senkt Cholesterinspiegel, senkt Blutzucker, schützt Leber.

Anzahl Portionen: 3
Kalorien p. Portion 104
Gramm p. Portion 236,33
Kochdauer ca. 1 Stunde
Allergene:
(Kohlehydrat:71% / Eiweiß & Fett:29%)
100g.≈ Eiweiß 2,54g. Fett:3,64g.
µg. - Ph:4,02 Na:0,96 Ka:24,72 Mg:1,82 Ca:2,89 Fe:0,08 Zn:0,02 Col.:0 Hsr.:1,08

Zutaten:
Kürbis 300 g. / 300g. (ja)
Karotte (Mohrrübe, Möhre) 2 Stück / 100g. (ja)
Kartoffel 2 Stück / 120g. (ja)
Olivenöl 1 EL / 10g. (ja)
Zwiebel weiss 1 Stück / 50g. (ja)
Wasser 1 Tasse / 120g. (ja)
Petersilie 1 EL / 7g. (ja)
Anis (gemeiner Fenchel) 1 Prise / 1g. (ja)
Salz 1 Prise / 1g. (wenig)

Kochanleitung:
Olivenöl in einer Pfanne erhitzen. In Würfel geschnittenen Kürbis, gewürfelte Karotten und Kartoffeln dazugeben und kurz anbraten. Klein geschnittene Zwiebel zugeben, mit Wasser auffüllen (Gemüse mindestens drei fingerbreit bedecken), aufkochen und leise köcheln lassen. Mit Meersalz und einer Prise Anis würzen, klein geschnittene Petersilie dazugeben. Alles zusammen ca. 35 Min. köcheln lassen. Anschließend die Suppe pürieren und evtl. Wasser zugeben, je nach Konsistenz.

3.57 Obstsaftgetränk

Stoppt Durchfall, fördert Verdauung, appetitanregend, harmonisiert Magen, lindert Schmerzen, entgiftet, bakterizid,
 senkt Blutdruck, stärkt Immunsystem, beugt Krebs vor, reduziert Strahlenverletzungen.
Anzahl Portionen: 2
Kalorien p. Portion 175
Gramm p. Portion 305
Kochdauer ca. 10 Min.
(Kohlehydrat:93% / Eiweiß & Fett:7%)
100g.≈ Eiweiß 1,89g. Fett:0,9g.
µg. - Ph:4,99 Na:2,24 Ka:37,45 Mg:2,36 Ca:6,04 Fe:0,21 Zn:0,05 Col.:0 Hsr.:4,3

Zutaten:
Orange 2 Stück / 150g. (ja)
Apfel (süß) 4 Stück / 300g. (ja)
Karotte (Mohrrübe, Möhre) 2 Stück / 150g. (ja)
Honig 1 EL / 10g. (ja)

Kochanleitung:
Orangen und Karotten schälen, alle Zutaten würfelig schneiden, damit sie in die Saftpresse passen und entsaften, mit Honig süßen.

3.58 Orientalische Reispfanne

Stärkt Magen, Nieren und Blase, löst Stagnation, fördert Gewichtsabnahme, hilft Fett zu verdauen und liefert zahlreiche Vitamine, Mineralstoffe sowie sekundäre Pflanzenwirkstoffe. Gut bei Abwehrschwäche, Appetitlosigkeit, Blähungen, Bluthochdruck.
Anzahl Portionen: 6
Kalorien p. Portion 303
Gramm p. Portion 271,83
Kochdauer ca. 30 Min.
Allergene: EL
(Kohlehydrat:81,36% / Eiweiß & Fett:18,64%)
100g.≈ Eiweiß 9,51g. Fett:5,44g.
µg. - Ph:14,12 Na:4,25 Ka:29,82 Mg:11,83 Ca:25,45 Fe:0,16 Zn:0,01 Col.:0 Hsr.:12,22

Zutaten:
Reis Vollkorn 180 g. / 180g. (ja)
Grundrezept für eine Gemüsebrühe nahrhaft 600 ml. / 500g. (ja)
Curry 1/2 TL / 2g. (ja)
Zwiebel Frühlingszwiebel 4 Stück / 80g. (ja)
Rapsöl 2 EL / 20g. (ja)
Paprika 120 g. / 120g. (ja)
Mais 80 g. / 80g. (ja)

Shiitake, getrocknet 20 g. / 80g. (ja)
Bambussprossen 80 g. / 80g. (ja)
Erbsen 80 g. / 80g. (ja)
Pfirsich 60 g. / 60g. (ja)
Ananas 60 g. / 60g. (ja)
Tomate 200 g / 200g. (ja)
Liebstöckel 1 TL / 2g. (ja)
Basilikum (frisch) 1 TL / 2g. (ja)
Petersilie 1 TL / 2g. (ja)
Zitronenmelisse (frisch) 1 TL / 2g. (ja)
Pfeffer gemahlen 1 Prise / 1g. ()

Kochanleitung:
Die Pilze 20 Min. in Wasser einweichen. Den Reis in der Gemüsebrühe
15 Min. kochen und mit etwas Curry würzen .Die Zwiebel schälen und
in kleine Würfel schneiden. Öl in einer Pfanne erhitzen, die
Zwiebelwürfel darin andünsten. Paprika waschen, halbieren,
Kerngehäuse entfernen, in Würfel schneiden und zufügen. Mais, Pilze
und Bambussprossen dazu geben und in 5 Min. bissfest garen.
Sojasprossen, Erbsen, Pfirsich- und Ananaswürfel ebenfalls zugeben
und anschließend die geschälten, kleingeschnittenen Tomaten
dazugeben. Den gegarten Reis zugeben und mit den Kräutern und
Pfeffer abschmecken.

3.59 Paprika-Tomatenreis

Cholesterin-, eiweiß- und fettarm, stärkt Magen, löst Stagnation, fördert
Gewichtsabnahme. Gut bei Abwehrschwäche, Appetitlosigkeit,
Blähungen, Bluthochdruck, Diabetes, Depressionen.
Anzahl Portionen: 3
Kalorien p. Portion 291
Gramm p. Portion 324
Kochdauer ca. 25 Min.
Allergene: L
(Kohlehydrat:89% / Eiweiß & Fett:11%)
100g.≈ Eiweiß 7,63g. Fett:2,54g.
µg. - Ph:10,3 Na:1,31 Ka:15,5 Mg:9,5 Ca:22,5 Fe:0,14 Zn:0,06 Col.:0 Hsr.:4,12

Zutaten:
Zwiebel weiss 1 Stück / 50g. (ja)
Paprika 4 stück / 120g. (ja)
Lorbeerblatt 2 Stück / 1g. (ja)
Nelke 2 Stück / 1g. (ja)
Grundrezept für eine Gemüsebrühe nahrhaft 400 g. / 400g. (ja)
Reis Vollkorn 200 g / 200g. (ja)

Champignon 60 g. / 60g. (ja)
Petersilie 20 g. / 20g. (ja)
Pfeffer gemahlen 1 Prise / 0,2g. ()
Paprika (Rosenpaprikapulver) 1 Prise / 0,2g. (ja)
Tomate 120 g. / 120g. (ja)

Kochanleitung:
Die Zwiebel fein würfeln und die Paprika in feine Streifen schneiden.
Margarine in einem Topf erhitzen, Zwiebel und Paprika sowie Reis
darin andünsten und mit der Gemüsebrühe aufgießen. Nelken und
Lorbeerblätter dazugeben und im geschlossenen Topf ca. 20 Min.
ausquellen lassen. Das Tomatenfleisch in 1 cm große Würfel schneiden
und 5 Min. vor Garzeitende zum Reis geben.

3.60 Polenta mit Pfirsich

Lindert Müdigkeit, stärkt Magen, harntreibend, stärkt die Abwehr, gegen
Pilzinfektionen, lässt Gallensaft fließen, beugt Alterungsprozessen vor,
stärkt Gehirnzellen.
Anzahl Portionen: 3
Kalorien p. Portion 197
Gramm p. Portion 254,03
Kochdauer ca. 20 min
(Kohlehydrat:89,44% / Eiweiß & Fett:10,56%)
100g.≈ Eiweiß 4,48g. Fett:0,6g.
µg. - Ph:8,27 Na:0,36 Ka:35,48 Mg:2,78 Ca:3,07 Fe:0,14 Zn:0,02 Col.:0 Hsr.:4,67

Zutaten:
Wasser 2 Tassen / 240g. (ja)
Mais Gries (Polenta) 1 Tasse / 120g. (ja)
Pfirsich 2-3 Stück / 400g. (ja)
Vanilleschote 1 Prise / 1g. (ja)
Chili (Schote oder gemahlen) 1 Prise / 0,1g. (ja)
Zimtpulver 1 Prise / 1g. (ja)

Kochanleitung:
Die Polenta in einen Topf mit heißem Wasser unter ständigem Rühren
einrieseln lassen, bis die gewünschte Konsistenz erreicht ist. Vom Herd
nehmen und ca. 10 Min. ausquellen lassen. Frische Pfirsiche waschen,
vierteln und in die fertige Polenta hineinschneiden. Vanille und nach
Geschmack Chili unterrühren und 3 Min. ziehen lassen. Wintervariante:
eingelegtes Obst, Birne, Apfel.

3.61 Porridge mit Rosinen und Sake

Stärkt Abwehrkraft, fördert Durchblutung, verbessert Medikamentenwirkung, regt Appetit an, entschlackt die Haut, regt Nerven an, befreit Atmung, erhöht Körpertemperatur, treibt Schweiß.

Anzahl Portionen: 1
Kalorien p. Portion 427
Gramm p. Portion 356
Kochdauer ca. 10 Min.
Allergene: AGO
(Kohlehydrat:66,81% / Eiweiß & Fett:33,19%)
100g.≈ Eiweiß 11,78g. Fett:16,8g.
µg. - Ph:107,91 Na:22,97 Ka:150,88 Mg:29,72 Ca:60,08 Fe:0,83 Zn:0,87 Col.:2,11 Hsr.:25,96

Zutaten:
Hafer Flocken (Vollkorn) 8 EL / 60g. (ja)
Wasser 1/8 Liter / 125g. (ja)
Kuhmilch (Vollmilch 3,5 % Fett) 1/8 Liter / 125g. (ja)
Salz 1 Prise / 1g. (wenig)
Sahne, süß 30% 2 EL / 20g. (wenig)
Rosinen 1 EL / 15g. (ja)
Sake 1 EL / 10g. (ja)

Kochanleitung:
Wasser und Milch mit einer Prise Salz aufkochen. 4 EL grobe Haferflocken einstreuen und zu einem Brei verkochen. 4 EL feine Haferflocken mitkochen, vom Herd nehmen und ausquellen lassen. In einer vorgewärmten Schüssel anrichten und mit flüssiger Sahne übergießen, Rosinen und Sake untermischen.

3.62 Reis mit gedämpftem Gemüse

Senkt Blutdruck, bakterizid, harntreibend, stärkt Immunsystem, beugt Krebs vor, reduziert Strahlenverletzungen. Gut bei Durchblutungsstörungen, Thrombose, Emboliegefahr, Kopfschmerzen, Herzinfarkt und Schlaganfall.

Anzahl Portionen: 2
Kalorien p. Portion 167
Gramm p. Portion 310,5
Kochdauer ca. 20 min
Allergene: L
(Kohlehydrat:82,32% / Eiweiß & Fett:17,68%)
100g.≈ Eiweiß 4,33g. Fett:2,26g.
µg. - Ph:16,63 Na:5,67 Ka:52,64 Mg:6,29 Ca:11,8 Fe:0,4 Zn:0,07 Col.:0 Hsr.:12,64

Zutaten:
Reis Sorte beliebig 1/2 Tasse / 60g. (ja)
Wasser 3 Tassen / 300g. (ja)
Zitrone Schale 1 Stück / 3g. (ja)
Wasser 1/8 Liter / 0g. (ja)
Karotte (Mohrrübe, Möhre) 2 Stück / 180g. (ja)
Sellerie Stangensellerie 1/2 Stück / 5g. (ja)
Champignon 1/2 Tasse / 50g. (ja)
Kresse 2 EL / 20g. (ja)
Leinöl 1 Schuss / 3g. (ja)

Kochanleitung:
Reis nach Grundrezept kochen, dabei ein Stück Zitronenschale
mitkochen. Wasser aufstellen und kleingeschnittene Karotten,
Stangensellerie und Champignons im Gemüseeinsatz dämpfen, bis sie
weich sind. Anschließend mit Kresse bestreuen und zuletzt einen
Schuss hochwertiges Öl zugeben.

3.63 Reis mit Pastinake

Vitaminreich, Mineralstoffe Kalium und Zink. Bei
Durchblutungsstörungen, Thrombose, Emboliegefahr, Bluthochdruck,
Kopfschmerzen, Herzinfarkt, Schlaganfall, Hefepilzinfektionen.
Anzahl Portionen: 3
Kalorien p. Portion 206
Gramm p. Portion   261,33
Kochdauer ca.   45 Min.
(Kohlehydrat:78,37% / Eiweiß & Fett:21,63%)
100g.≈ Eiweiß 5,17g. Fett:4,53g.
µg. - Ph:20,16 Na:2,09 Ka:94,99 Mg:7,61 Ca:10,6 Fe:0,15 Zn:0,07 Col.:0 Hsr.:12,18

Zutaten:
Reis Sorte beliebig 1 Tasse / 120g. (ja)
Wasser 2 Tassen / 200g. (ja)
Salz 1 Prise / 1g. (wenig)
Pastinake 3-4 Stück / 450g. (ja)
Olivenöl 1 EL / 10g. (ja)
Salbei 1 TL / 3g. (ja)

Kochanleitung:
Pastinake schälen und in Scheiben schneiden. Kurz in Öl anbraten.
Reis hinzugeben und kurz mitbraten. Mit Wasser übergießen und
mindestens 30 Min. lang kochen lassen. Mit etwas frischem gehacktem
Salbei bestreuen.

3.64 Reis-Congee mit Honigbirne und schwarzem Sesam

Fördert Verdauung, harntreibend, befeuchtet Darm. Gut bei Durchblutungsstörungen, Thrombose, Emboliegefahr, Bluthochdruck, Kopfschmerzen, Herzinfarkt und Schlaganfall.

Anzahl Portionen: 2
Kalorien p. Portion 159
Gramm p. Portion 271,5
Kochdauer ca. 10 Min. - 3 Stunden
Allergene: N
(Kohlehydrat:95,26% / Eiweiß & Fett:4,74%)
100g.≈ Eiweiß 2,44g. Fett:1,55g.
µg. - Ph:9,61 Na:0,87 Ka:36,88 Mg:70,3 Ca:68,61 Fe:0,18 Zn:0,06 Col.:0 Hsr.:5,76

Zutaten:
Grundrezept für eine Reissuppe (Congee) 2 Tassen / 240g. (wenig)
Birne 2 Stück / 300g. (ja)
Sesam, Schwarzer 1 TL / 3g. (ja)

Kochanleitung:
Reis-Congee nach Grundrezept kochen oder vorbereiteten verwenden. Topf mit 3 cm Wasser befüllen und aufkochen lassen. Birnen vierteln (mit Haut und Kernen) und hineingeben und mit schwarzem Sesam 10 Min. zugedeckt köcheln lassen. Mit dem Reis mischen.

3.65 Rosmarinkartoffeln

Kartoffel stärkt die Milz, lindert Entzündungen, verbessert die Verdauung, regeneriert die Haut, ist harntreibend, senkt Cholesterinspiegel. Rosmarin fördert Verdauung, stärkt Lunge, Milz und Nieren.

Anzahl Portionen: 2
Kalorien p. Portion 189
Gramm p. Portion 216,5
Kochdauer ca. 30 Min.
(Kohlehydrat:76,49% / Eiweiß & Fett:23,51%)
100g.≈ Eiweiß 4,21g. Fett:5,25g.
µg. - Ph:23,02 Na:1,45 Ka:165,76 Mg:9,44 Ca:3,73 Fe:0,2 Zn:0,07 Col.:0,01 Hsr.:7,27

Zutaten:
Kartoffel 6-8 Stück / 420g. (ja)
Salz Kräutersalz 1 Prise / 1g. (wenig)
Olivenöl 1 EL / 10g. (ja)
Rosmarin 1 TL / 2g. (ja)

Kochanleitung:
Kartoffeln der Länge nach halbieren, mit etwas Olivenöl bestreichen, salzen, 2-3 Rosmarinnadeln auf jede halbe Kartoffel streuen, auf Backblech setzen und im vorgeheizten Backofen ca. 25 Min. bei 190 Grad backen.

3.66 Russische Kasha mit Weißkohl

Fördert Verdauung, lindert Schmerzen, entgiftet, fördert Appetit, löst Stagnation, regt Blutproduktion und Stoffwechsel an, baut Fett ab.

Anzahl Portionen: 2
Kalorien p. Portion 251
Gramm p. Portion 203,5
Kochdauer ca. 30 Min.
Allergene: AG
(Kohlehydrat:81,18% / Eiweiß & Fett:18,82%)
100g.≈ Eiweiß 8,19g. Fett:2,72g.
µg. - Ph:44,68 Na:1,88 Ka:72,81 Mg:16,01 Ca:11,92 Fe:0,6 Zn:0,22 Col.:0,44 Hsr.:24,96

Zutaten:
Buchweizen Vollkorn 1 Tasse / 130g. (ja)
Wasser 2 Tassen / 240g. (ja)
Muskatnuss 1 Prise / 1g. (ja)
Salz 1 Prise / 1g. (wenig)
Petersilie 1 EL / 10g. (ja)
Kümmel 1 Prise / 2g. (ja)
Butter Bio 1 TL / 3g. (wenig)
Weißkohl/Weißkraut 1 Handvoll / 20g. (ja)

Kochanleitung:
Buchweizen trocken goldgelb rösten. Kochendes Wasser zugießen, kurz aufkochen und dann quellen lassen, bis er weich ist. Weißkohl fein raspeln und unterheben. Mit Muskat und Salz würzen. Am Schluss etwas Petersilie, Kümmel und Butter hinzufügen.

3.67 Schwarzwurzel mit Joghurt

Schwarzwurzeln regen Nieren, Blase und damit die Reinigung des Körpers an. Sie stimulieren im physiologischen Sinne allgemein die Drüsen im Organismus. Gut bei akuter oder chronischer Verstopfung des Darmes. Liefern Vitamine und Spurenelemente.

Anzahl Portionen: 2
Kalorien p. Portion 319
Gramm p. Portion 304,5
Kochdauer ca. 20 min
Allergene: AG

(Kohlehydrat:76,55% / Eiweiß & Fett:23,45%)
100g.≈ Eiweiß 7,98g. Fett:2,08g.
µg. - Ph:45,41 Na:46,46 Ka:135,9 Mg:13,05 Ca:30,12 Fe:1,28 Zn:0,12 Col.:0,16
Hsr.:28,83

Zutaten:
Schwarzwurzel 1/2 Kg. / 400g. (ja)
Joghurt (natur, 1,5 % Fett) 4 EL / 80g. (ja)
Kräuter verschiedene 1 EL / 8g. (ja)
Salz 1 Prise / 1g. (wenig)
Mehrkornbrot (Graubrot) 6 Scheiben / 120g. (ja)

Kochanleitung:
Schwarzwurzel schälen und in Salzwasser kochen, bis sie weich sind.
Das Wasser wegschütten, Schwarzwurzel auskühlen lassen und klein
schneiden. Mit Joghurt übergießen und mit frischen Kräutern bestreuen.
Mit dem Mehrkornbrot servieren.

3.68 Sellerie-Kartoffel-Cremesuppe

Senkt Blutdruck, stärkt Immunsystem, fördert Gewichtsabnahme. Gut
bei Abwehrschwäche, Appetitlosigkeit, Blähungen, Depressionen,
Diabetes, Durchfall, Verdauungsschwäche.
Anzahl Portionen: 4
Kalorien p. Portion   113
Gramm p. Portion   241,5
Kochdauer ca.   45 Min.
Allergene: GL
(Kohlehydrat:83,35% / Eiweiß & Fett:16,65%)
100g.≈ Eiweiß 2,16g. Fett:5,52g.
µg. - Ph:5,96 Na:3,46 Ka:23,98 Mg:22,27 Ca:83,51 Fe:0,18 Zn:0,02 Col.:0 Hsr.:1,49

Zutaten:
Olivenöl 1 EL / 10g. (ja)
Zwiebel weiss 1/2 Stück / 25g. (ja)
Grundrezept für eine Gemüsebrühe nahrhaft 700 ml. / 700g. (ja)
Kartoffel 200 g / 200g. (ja)
Muskatnuss 1 Prise / 0,5g. (ja)
Kümmel 1 Prise / 0,5g. (ja)
Zitrone Schale 1/4 Stück / 1g. (ja)
Creme fraîche 2 EL / 20g. (wenig)
Salz 1 Prise / 1g. (wenig)
Petersilie 1 EL / 8g. (ja)

Kochanleitung:
Das Olivenöl in einem Topf leicht erhitzen und Zwiebelwürfel darin bei milder Hitze ganz weich dünsten. Mit Gemüsebrühe (nach Grundrezept) aufgießen und zugedeckt 15 Min. köcheln lassen. Kartoffelwürfel, kleingeschnittenen Sellerie, Muskat, Kümmel und Zitronenschale zugeben und zugedeckt weitere 12 Min. leicht kochen. Kartoffeln und Sellerie sollen weich sein, aber nicht zerfallen. Zitronenschale entfernen, mit dem Mixstab oder im Mixer die Suppe mit Crème fraîche fein pürieren und mit Salz abschmecken. Suppe portionsweise mit der kleingehackten Petersilie anrichten.

3.69 Selleriesuppe

Stärkt Magenfördert Appetit und Verdauung, löst Stagnation.

Anzahl Portionen: 4
Kalorien p. Portion 101
Gramm p. Portion 285,62
Kochdauer ca. 45 Min.
Allergene: ACGL
(Kohlehydrat:43,65% / Eiweiß & Fett:56,35%)
100g.≈ Eiweiß 4,33g. Fett:5,7g.
µg. - Ph:11,03 Na:20,2 Ka:44,23 Mg:2,49 Ca:11,41 Fe:0,11 Zn:0,01 Col.:1,44 Hsr.:8,46

Zutaten:
Wasser 1/2 Liter / 500g. (ja)
Butter Bio 1 EL / 15g. (wenig)
Muskatnuss 1 Prise / 1g. (ja)
Salz 1 Prise / 1g. (wenig)
Dinkel Vollkornmehl 2-3 TL / 25g. (ja)
Sellerie Knolle 1 Stück / 500g. (ja)
Huhn Ei 1 Stück / 55g. (wenig)
Sahne sauer 10% 2-3 EL / 25g. (ja)
Sellerie Stangensellerie 2 EL / 20g. (ja)
Pfeffer gemahlen 1 Prise / 0,5g. ()

Kochanleitung:
1 EL Butter in einem Topf zerlassen. Eine Messerspitze Muskat, eine Prise Salz und 2-3 TL Dinkelvollkornmehl (fein und möglichst frisch gemahlen) hineingeben und unter Rühren zu einer Schwitze verarbeiten. 500 ml heißes Wasser nach und nach einrühren und den großen, fein geschnittenen Knollensellerie zugeben. Etwa 35 Min. garen und danach pürieren. 1 Eigelb mit der Sahne verrühren und in der heißen, nicht mehr kochenden Suppe, kräftig untermengen. Einige Sellerieblätter fein gehackt dazugeben und mit Pfeffer und Salz abschmecken.

3.70 Spargel-Kräuter-Ragout

Harntreibend, fördert Durchblutung, beugt Krebs vor, löst Stagnation, fördert Gewichtsabnahme, regt Leberfunktion an. Gut bei Abwehrschwäche, Appetitlosigkeit, Blähungen, Bluthochdruck, Depressionen, Diabetes, Durchfall.

Anzahl Portionen: 4
Kalorien p. Portion   168
Gramm p. Portion   465,5
Kochdauer ca.   30 Min.
Allergene: GL
(Kohlehydrat:78% / Eiweiß & Fett:22%)
100g.≈ Eiweiß 7,54g. Fett:4,09g.
µg. - Ph:2,55 Na:0,54 Ka:11,94 Mg:2,69 Ca:9,45 Fe:0,06 Zn:0,02 Col.:0 Hsr.:1,09

Zutaten:
Grundrezept für eine Gemüsebrühe nahrhaft 500 ml / 500g. (ja)
Zitrone Schale 1/2 Stück / 3g. (ja)
Koriander 1/4 TL / 1g. (ja)
Muskatnuss 1 Prise / 0,3g. (ja)
Spargel (grün oder weiß) 800 g. / 800g. (ja)
Petersilie 1 Bund / 125g. (ja)
Creme fraîche 2 EL / 30g. (wenig)
Zitrone Saft 1 TL / 3g. (ja)
Kartoffel 400 g. / 400g. (ja)

Kochanleitung:
Kartoffeln in reichlich gesalzenem Wasser ca. 20 Min. weich kochen. Gemüsebrühe mit Zitronenschale, Koriander und Muskat zum Kochen bringen. Den geschälten und in Stücke geschnittenen Spargel darin weich kochen. Spargel in ein Sieb abgießen. Die Flüssigkeit auffangen und im Mixer mit 200 g (die unteren Enden) des gekochten Spargels und der Petersilie zu einer glatten Soße mixen. Crème fraîche einrühren, den Spargel untermischen und nochmals erhitzen. Mit Zitronensaft, Salz und Pfeffer abschmecken und mit den Kartoffeln servieren.

3.71 Tee aus Birkenblättern

Hilft bei Nierenleiden, Wassersucht, Gicht, Nierengrieß, rheumatischen Beschwerden, bakteriellen und entzündlichen Harnwegserkrankungen. Ist harntreibend und blutreinigend.

Anzahl Portionen: 4
Kalorien p. Portion   0
Gramm p. Portion   126,25
Kochdauer ca.   10 Min.

(Kohlehydrat:0% / Eiweiß & Fett:0%)
100g.≈ Eiweiß 0g. Fett:0g.
µg. - Ph:0 Na:0,25 Ka:0 Mg:0,25 Ca:1,24 Fe:0 Zn:0,01 Col.:0 Hsr.:0

---Zutaten:
Wasser 1/2 Liter / 500g. (ja)
Birkenblätter Tee 2 TL

Kochanleitung:
Birkenblätter mit kochendem Wasser übergießen und 10 Min. ziehen
lassen. Täglich 3 Tassen trinken.

3.72 Tee aus Holunderblüten

Harn- und schweißtreibend. Gut bei Halsschmerzen, Erkältungen,
Grippe, Harnsteinen, Konzentrationsschwäche, Mitessern, Rheuma,
Verstopfung, Wassersucht, Heuschnupfen. Stärkt das Immunsystem.
Anzahl Portionen: 4
Kalorien p. Portion 7
Gramm p. Portion   128
Kochdauer ca.   10 Min.
(Kohlehydrat:0% / Eiweiß & Fett:0%)
100g.≈ Eiweiß 0g. Fett:0g.
µg. - Ph:0 Na:0,24 Ka:0 Mg:0,24 Ca:1,22 Fe:0 Zn:0,01 Col.:0 Hsr.:0

Zutaten:
Holunderblütentee 4 TL / 12g. (empfehlenswert)
Wasser 1/2 Liter / 500g. (ja)

Kochanleitung:
Die Holunderblüten mit kochendem Wasser übergießen und nach 5
Min. abseihen.

3.73 Tee aus Löwenzahn

Entgiftet, lindert Entzündungen.
Anzahl Portionen: 2
Kalorien p. Portion 1
Gramm p. Portion   253
Kochdauer ca.   15 Min.
(Kohlehydrat:68,57% / Eiweiß & Fett:31,43%)
100g.≈ Eiweiß 0,08g. Fett:0,02g.
µg. - Ph:0,42 Na:0,94 Ka:2,61 Mg:0,71 Ca:3,41 Fe:0,02 Zn:0,03 Col.:0 Hsr.:0,36

Zutaten:
Löwenzahn (junger) 2-4 TL / 6g. (ja)
Wasser 1/2 Liter / 500g. (ja)

Kochanleitung:

Der kleingeschnittene Löwenzahn wird mit kaltem Wasser übergossen, erhitzt und für eine Minute gekocht. Anschließend 10 Min. ziehen lassen, filtern und genießen. Nach Geschmack mit Honig süßen.

3.74 Tee aus Salbei

Salbei trocknet aus, gegen Hefepilzinfektionen.

Anzahl Portionen: 4
Kalorien p. Portion 5
Gramm p. Portion   126,5
Kochdauer ca.   15 Min.
(Kohlehydrat:72,18% / Eiweiß & Fett:27,82%)
100g.≈ Eiweiß 0,16g. Fett:0,19g.
µg. - Ph:0 Na:0,25 Ka:0 Mg:0,25 Ca:1,24 Fe:0 Zn:0,01 Col.:0 Hsr.:0

Zutaten:

Salbei 2 TL / 6g. (ja)
Wasser 1/2 Liter / 500g. (ja)

Kochanleitung:

Wasser zum Kochen bringen und beiseite stellen. Salbei dazugeben, 10 Min. ziehen lassen und nach Geschmack mit Honig süßen.

3.75 Tee aus Wacholderbeeren

Fördert Verdauung und Durchblutung, keimtötend, harntreibend, entwässernd, trocknet aus. Gut bei Appetitlosigkeit, Durchfall, Magen-Darmbeschwerden, Muskelrheuma, Nierenbeckenentzündung, Nierengrieß, Sodbrennen, Wassersucht.

Anzahl Portionen: 1
Kalorien p. Portion 11
Gramm p. Portion   128
Kochdauer ca.   10 Min.
(Kohlehydrat:52,24% / Eiweiß & Fett:47,76%)
100g.≈ Eiweiß 0,55g. Fett:0,44g.
µg. - Ph:11,84 Na:1,4 Ka:30,07 Mg:6,65 Ca:28,72 Fe:0,05 Zn:0,11 Col.:0 Hsr.:0

Zutaten:

Wacholderbeere 1 TL / 3g. (ja)
Wasser 1 Tasse / 125g. (ja)

Kochanleitung:
Pro Tasse 1 TL getrocknete Wacholderbeeren kalt ansetzen, kurz
aufkochen und 15 Min. ziehen lassen, dann abseihen.
Dieser Tee wird ungesüßt und schluckweise langsam getrunken. Die
Menge reicht für einen Tag.

3.76 Tee aus Wermutkraut

Gut bei allgemeiner Schwäche, Blähungen, Magenschwäche,
Mundgeruch, Würmern, Gallenbeschwerden, Gelbsucht,
Nierenschwäche, Ohrenschmerzen, offenen Wunden, Verstauchungen
und Quetschungen. Kreislauf stärkend, menstruations- und
wehenfördernd.
Anzahl Portionen: 1
Kalorien p. Portion 0
Gramm p. Portion   122
Kochdauer ca.   5 Min.
(Kohlehydrat:0% / Eiweiß & Fett:0%)
100g.≈ Eiweiß 0g. Fett:0g.
µg. - Ph:0 Na:0,98 Ka:0 Mg:0,98 Ca:4,92 Fe:0,01 Zn:0,1 Col.:0 Hsr.:0

Zutaten:
Wermut 1 TL / 2g. (wenig)
Wasser 1 Tasse / 120g. (ja)

Kochanleitung:
2 TL Wermutkraut mit 250 ml kochendem Wasser übergießen, 3 Min.
ziehen lassen und abseihen. 30 Min. vor dem Essen trinken.

3.77 Teemischung gegen Gallenbeschwerden

Gut bei Gallenbeschwerden, Gelbsucht und Nierenschwäche.
Schmerzlindernd und krampflösend, beruhigend, hormonregulierend,
appetitanregend, harntreibend. Kräftigt Magen und Darm.
Anzahl Portionen: 4
Kalorien p. Portion 0
Gramm p. Portion   125,5
Kochdauer ca.   10 Min.
(Kohlehydrat:0% / Eiweiß & Fett:0%)
100g.≈ Eiweiß 0g. Fett:0g.
µg. - Ph:0 Na:0,06 Ka:0 Mg:0,06 Ca:0,31 Fe:0 Zn:0,01 Col.:0 Hsr.:0

Zutaten:
Melisse 4 g / 0,4g. (ja)
Färberginsterkraut 10 g. / 0,4g. (ja)
Wermut 4 g. / 0,4g. (wenig)
Odermennig 4 g. / 0,4g. (ja)
Hopfen 4 g. / 0,4g. (ja)
Wasser 500 ml / 500g. (ja)

Kochanleitung:
Zubereitung: 1 EL der Mischung mit 1 Tasse kochendem Wasser
überbrühen, 10 Min. ziehen lassen, abseihen und 4 mal täglich ½
Tasse trinken.

3.78 Tomatensuppe

Fördert Verdauung, hilft Fett zu verdauen, senkt Blutdruck, löst
Stagnation, antioxidativ, harntreibend.
Anzahl Portionen: 2
Kalorien p. Portion 100
Gramm p. Portion 290
Kochdauer ca. 10 min.
(Kohlehydrat:42% / Eiweiß & Fett:58%)
100g.≈ Eiweiß 1,78g. Fett:7,9g.
µg. - Ph:4,2 Na:1,2 Ka:31,36 Mg:1,99 Ca:3,85 Fe:0,07 Zn:0,04 Col.:0,01 Hsr.:1,47

Zutaten:
Olivenöl 1 EL / 15g. (ja)
Zwiebel weiss 1 Stück / 60g. (ja)
Zimtpulver 1 Prise / 1g. (ja)
Basilikum (frisch) 1 TL / 2g. (ja)
Pfeffer gemahlen 1 Prise / 0,5g. ()
Salz 1 Prise / 1g. (wenig)
Tomate 5 Stück / 250g. (ja)
Paprika (Rosenpaprikapulver) 1 Prise / 1g. (ja)
Wasser 250 g. / 250g. (ja)

Kochanleitung:
Die kleingeschnittene Zwiebel im Olivenöl in einem Topf anrösten, Salz
und Gewürze zufügen und kurz mitrösten. Gewaschene und geviertelte
Tomaten zugeben und kurz anbraten. 250 ml Wasser heißes Wasser
zufügen, 15 Min. kochen lassen und dann pürieren.

3.79 Vanillecreme mit Beeren

Stärkt die Abwehr gegen Pilzinfektionen, abführend, entgiftend, blutreinigend. Gut bei Körperschwäche, chronischer Verstopfung, Gewichtsverlust.

Anzahl Portionen: 4
Kalorien p. Portion 282
Gramm p. Portion 272
Kochdauer ca. 15 Min.
Allergene: G
(Kohlehydrat:27,7% / Eiweiß & Fett:72,3%)
100g.≈ Eiweiß 13,39g. Fett:31,23g.
µg. - Ph:23,97 Na:6,5 Ka:32,71 Mg:3,46 Ca:21,12 Fe:0,1 Zn:0,02 Col.:0,41 Hsr.:1,8

Zutaten:
Topfen (Quark) 20% 400 g. / 400g. (wenig)
Joghurt (natur, 1,5 % Fett) 150 g. / 150g. (ja)
Zucker braun 2 TL / 8g. (ja)
Acerola Fruchtnektar oder Pulver 1 TL / 2g. (ja)
Vanillezucker natur 3 Paket / 3g. (ja)
Sahne, süß 30% 125 g. / 125g. (wenig)
Erdbeere 100 g. / 100g. (ja)
Himbeere 100 g. / 100g. (ja)
Brombeere 100 g. / 100g. (ja)
Heidelbeere 100 g. / 100g. (ja)

Kochanleitung:
Quark, Joghurt, Zucker, Acerola und Vanillezucker mit dem Handrührgerät oder Schneebesen glatt rühren. Sahne sehr steif schlagen, unter die Quarkcreme mischen und portionsweise mit den Beeren anrichten.

3.80 Wärmende Karottensuppe

Stärkt und wärmt, senkt Blutdruck, bakterizid, stärkt Immunsystem, beugt Krebs vor, reduziert Strahlenverletzungen, stärkt Magen-Darm-Funktion.

Anzahl Portionen: 3
Kalorien p. Portion 133
Gramm p. Portion 274,67
Kochdauer ca. 30 min
Allergene: HL
(Kohlehydrat:78,77% / Eiweiß & Fett:21,23%)
100g.≈ Eiweiß 2,17g. Fett:7,87g.
µg. - Ph:8,57 Na:6,92 Ka:27,55 Mg:25,11 Ca:97,93 Fe:0,4 Zn:0,03 Col.:0 Hsr.:2,99

Zutaten:
Karotte (Mohrrübe, Möhre) 4 Stück / 250g. (ja)
Walnussöl 2 EL / 20g. (ja)
Zwiebel Schalotte 2 Stück / 40g. (ja)
Anis (gemeiner Fenchel) 1/2 TL / 1g. (ja)
Muskatnuss 1 Prise / 1g. (ja)
Ingwer frisch 1/2 TL / 1g. (ja)
Salz 1 Prise / 1g. (wenig)
Grundrezept für eine Gemüsebrühe nahrhaft 1/2 Liter / 500g. (ja)
Petersilie 1 EL / 10g. (ja)

Kochanleitung:
Walnussöl in einem Topf erhitzen und die kleingeschnittenen Zwiebeln
darin anbraten. Karotten gewürfelt zufügen. Anis, Muskat, etwas Ingwer
und Salz zugeben. Wasser oder Gemüse- bzw. Fleischbrühe zugeben.
Alles weich kochen und dann pürieren. Am Ende Petersilie unterheben.
Empfehlung: Die Suppe eignet sich für die kalte Jahreszeit, vor allem,
wenn man als Flüssigkeit zum Aufgießen Fleischbrühe verwendet.

3.81 Weizengrießklößchen mit Olivenkräutersoße und Salat

Schont die Verdauungsorgane, entgiftet, löst Stagnation, lindert
Müdigkeit. Gut bei Appetitlosigkeit, Blähungen, Darmentzündung,
Fettsucht, Gicht, Magengeschwür, Magenkrämpfen, Rheuma,
Sodbrennen.
Anzahl Portionen: 3
Kalorien p. Portion 245
Gramm p. Portion 291,17
Kochdauer ca. 15 Min.
Allergene: ACGL
(Kohlehydrat:76,69% / Eiweiß & Fett:23,31%)
100g.≈ Eiweiß 7,65g. Fett:9,47g.
µg. - Ph:13,31 Na:7,52 Ka:19,16 Mg:23,89 Ca:91,54 Fe:0,29 Zn:0,04 Col.:3,02 Hsr.:8,16

Zutaten:
Sahne, süß 30% 40 g. / 40g. (wenig)
Wasser 65 ml / 65g. (ja)
Weizen Gries 100 g. / 100g. (ja)
Huhn Ei 1 Stück / 60g. (wenig)
Pfeffer gemahlen 1 Prise / 0,5g. ()
Zitrone Schale 1 Prise / 1g. (ja)
Zwiebel weiss 1 Stück / 60g. (ja)
Olivenöl 1 TL / 2g. (ja)
Lauchzwiebel Schnittlauch 1 EL / 7g. (ja)

Grundrezept für eine Gemüsebrühe nahrhaft 500 ml / 500g. (ja)
Kopfsalat 2 Handvoll / 30g. (ja)
Olivenöl 1 TL / 3g. (ja)
Zitrone Saft 1 TL / 3g. (ja)
Oregano frisch 1 TL / 2g. (ja)

Kochanleitung:
Sahne und Wasser mischen und zum Kochen bringen. Den
Weizengrieß einrühren und zu einem dicken Brei kochen. Vom Herd
nehmen, das Ei verquirlen und unterrühren, mit Pfeffer und etwas
geriebener Zitronenschale würzen. Mit 2 Kaffeelöffeln Klößchen
abstechen und in der leicht kochenden Gemüsebrühe ziehen lassen,
bis sie oben schwimmen. Die Zwiebel klein hacken, im Olivenöl in einer
Pfanne rösten, die Grießklößchen darin schwenken und auf Teller
geben. Mit fein geschnittenem Schnittlauch bestreuen. Salat waschen
und in feine Streifen schneiden. Mit Olivenöl, Zitronensaft und Oregano
würzen.

3.82 Zucchini mit Basilikum-Pesto

Gut bei Blähungen und Übelkeit, entkrampfend und beruhigend. Fördert
Verdauung, stärkt Magen und Verdauungssystem, entgiftet, bakterizid,
stärkt Muskeln und Knochen, harntreibend, löst Stagnation.
Anzahl Portionen: 3
Kalorien p. Portion 467
Gramm p. Portion 255
Kochdauer ca. 25 Min.
Allergene: ACGHL
(Kohlehydrat:62% / Eiweiß & Fett:38%)
100g.≈ Eiweiß 15,92g. Fett:20,94g.
µg. - Ph:11,85 Na:6,22 Ka:20,93 Mg:4,55 Ca:15,48 Fe:0,13 Zn:0,08 Col.:3,09 Hsr.:6,08

Zutaten:
Basilikum (frisch) 1 Bund / 125g. (ja)
Olivenöl 1 EL / 20g. (ja)
Mandeln 1 EL / 15g. (ja)
Parmesan 30 g. / 30g. (wenig)
Grundrezept für eine Gemüsebrühe nahrhaft 3 EL / 45g. (ja)
Zitrone Schale 1 TL / 3g. (ja)
Zitrone 1 TL / 3g. (ja)
Oregano getrocknet 2 TL / 15g. (ja)
Kümmel 1 Prise / 1g. (ja)
Salz 1 Prise / 1g. (wenig)
Pfeffer gemahlen 1 Prise / 1g. ()
Nudeln (Weizen, Spagetti) mit Ei 200 g. / 200g. (ja)

Salz 1 Prise / 1g. (wenig)
Olivenöl 1 EL / 15g. (ja)
Zwiebel Frühlingszwiebel 2 Stück / 40g. (ja)
Zucchini 250 g. / 250g. (ja)

Kochanleitung:
Basilikum, Olivenöl, geriebene Mandeln, Parmesan, Gemüsebrühe und
geriebene Zitronenschale zu einer glatten, geschmeidigen Creme
pürieren. Pesto mit Salz, Oregano, Kümmel und Pfeffer abschmecken.
Die Spaghetti mit etwas Salz in reichlich Wasser bissfest kochen.
Olivenöl in einer Pfanne erhitzen und die Frühlingszwiebeln unter
Rühren darin weich braten. Zucchini dazugeben und kurz mitbraten. Die
Zucchini sollen weich, aber mit Biss sein. Mit Salz abschmecken. Die
gut abgetropften Spaghetti mit den Zucchini und dem Pesto in einer
Schüssel vermischen und mit Salz und Pfeffer abschmecken.
Empfehlenswert bei Schluckstörungen, Appetitlosigkeit, Kalium- und
Magnesiumbedarf.

3.83 Zucchini-Grieß-Cremesuppe

Gut bei Appetitlosigkeit, Blähungen, Darmentzündung, Rheuma,
Sodbrennen. Senkt Blutdruck, fördert Gewichtsabnahme.

Anzahl Portionen: 4
Kalorien p. Portion 146
Gramm p. Portion   341,75
Kochdauer ca.   25 Min.
Allergene: AGL
(Kohlehydrat:78% / Eiweiß & Fett:22%)
100g.≈ Eiweiß 4,02g. Fett:7,8g.
µg. - Ph:1,7 Na:0,83 Ka:9,09 Mg:4,88 Ca:18,35 Fe:0,08 Zn:0,02 Col.:0,22 Hsr.:0,82

Zutaten:
Butter Bio 20 g. / 20g. (wenig)
Weizen Gries 2 EL / 20g. (ja)
Petersilie 1 Bund / 100g. (ja)
Grundrezept für eine Gemüsebrühe nahrhaft 800 ml. / 800g. (ja)
Liebstöckel 1/2 TL / 2g. (ja)
Muskatnuss 1 Prise / 0,5g. (ja)
Anis (gemeiner Fenchel) 1 Prise / 0,5g. (ja)
Zucchini 400 g. / 400g. (ja)
Ingwer frisch 1/2 TL / 1g. (ja)
Creme fraîche 2 EL / 20g. (wenig)
Zitrone Schale 1/4 Stück / 2g. (ja)
Salz 1 Prise / 1g. (wenig)
Pfeffer gemahlen 1 Prise / 0,5g. ()

Kochanleitung:
Butter in einem Topf schmelzen, Grieß hinzufügen und unter Rühren kurz anrösten. Die Hälfte der gehackten Petersilie dazugeben, kurz andünsten, mit Gemüsebrühe (nach Grundrezept) aufgießen, mit gehacktem Liebstöckel, Muskat und Anis würzen. Suppe ohne Deckel 10 Min. leicht kochen, kleingeschnittene Zucchini und ein kleines Stück Zitronenschale dazugeben und weitere 5 Min. köcheln lassen, bis die Zucchini weich sind. Zitronenschale entfernen und mit dem Mixstab zusammen mit der Crème fraîche und der restlichen Petersilie fein pürieren.

3.84 Zwetschgenkuchen

Entwässert den Körper, regt die Verdauung an, bindet Fette im Darm, lindert Schmerzen, entgiftet, bakterizid, beugt Krebs vor. Gut bei Appetitlosigkeit, Blähungen, Darmentzündung, Fettsucht, Gicht, Magengeschwür, Magenkrampf, Rheuma, Sodbrennen.
Anzahl Portionen: 6
Kalorien p. Portion 503
Gramm p. Portion 307,83
Kochdauer ca. 1 Stunde
Allergene: AG
(Kohlehydrat:71,38% / Eiweiß & Fett:28,62%)
100g.≈ Eiweiß 12,33g. Fett:19,28g.
µg. - Ph:15,91 Na:4,6 Ka:32,67 Mg:3 Ca:5,23 Fe:0,16 Zn:0,02 Col.:0,05 Hsr.:8,3

Zutaten:
Topfen (Quark) 20% 200 g / 200g. (wenig)
Weizen Mehl 400 g. / 400g. (ja)
Kuhmilch (Vollmilch 3,5 % Fett) 6 EL / 70g. (ja)
Rapsöl 6 EL / 70g. (ja)
Honig 8 EL / 100g. (ja)
Backpulver 1 Paket / 3g. (ja)
Salz 1 Prise / 1g. (wenig)
Zimtpulver 1 TL / 3g. (ja)
Zwetschken 1 Kg / 1000g. (ja)

Kochanleitung:
Mehl, Quark, Milch, Öl, Honig, Salz und Backpulver zu einem glatten Teig verrühren. Den Teig 15. Min. kühl stellen und quellen lassen. Auf einem mit Backpapier ausgelegten Backblech den Teig auslegen, die Pflaumen gleichmäßig darauf verteilen und mit dem Zimt bestreuen. Für ca. 40 Min. bei 190 Grad backen.

4 Wirkung der Lebensmittel

4.1 Zutaten verwenden: empfehlenswert

Cranberries
Gewürznelke
Holunderblütentee
Johannisbeere (rot)
Johannisbeere (schwarz)

Johannisbeere (weiß)
Preiselbeere
Preiselbeermarmelade
Preiselbeersaft
Sternanis

4.2 Zutaten verwenden: ja

Acerola Fruchtnektar oder Pulver
Adzukibohnen
Agar-Agar, Agartang
Agavendicksaft
Ahornsirup
Aloesaft
Amaranth
Amaranth POPS
Ananas
Ananassaft ungezuckert
Andornkraut
Angelikawurzel
Anis (gemeiner Fenchel)
Apfel (sauer)
Apfel (süß)
Apfelmus
Apfelsaft (Naturtrüb)
Aprikose
Aprikose getrocknet
Aprikosen Marmelade
Aprikosennektar
Artischocke
Aubergine
Austern
Austernpilze
Austernschalenpulver
Avocado
Backpulver
Baldrian
Bambussprossen
Banane
Banane Kochbanane
Banchatee
Bärentraubenblätter
Bärlauch (Knoblauchspinat)
Barsch
Basilikum
Basilikum (frisch)
Bataviasalat
Beeren der Saison
Beerensaft

Benediktinerdistel
Berberitzenrindetee
Birne
Birnensaft
Bitter Lemon
Bitterklee
Bitterorangenschale
Blätterteig
Blattsalate (bitter)
Blumenkohl (Karfiol)
Blütenpollen
Bocksdornfrüchte (Fructus Lycii)
getrocknet
Bockshornklee
Bohnen (grün, frisch)
Bohnenkraut
Bohnenöl
Borretsch
Borretschöl
Boxhornkleesamen
Brennnessel
Brokkoli
Brombeerblätter
Brombeere
Brombeere getrocknet (unreife)
Brombeermarmelade
Brösel (Weizenbrot, Semmel)
Brot mit Johannisbrotkernmehl
Brötchen (Semmel)
Buchweizen
Buchweizen (geröstet) Kasha
Buchweizen Vollkorn
Bulgur (Getreide)
Buschbohnen
Butterbohnen weiße
Champignon
Channa-Dal
Chenpi (chinesische
Mandarinenschale)
Chicorée
Chili (Schote oder gemahlen)

Chinakohl
Chlorella (Süßwasser)
Chrysanthemenblütentee
Clementinen
Couscous
Cumin (Kreuzkümmel)
Curry
Currypaste rot
Dashi
Datteln getrocknet
Datteln rot
Dill
Dinkel
Dinkel Brot
Dinkel Flocken
Dinkel Gries
Dinkel Vollkornmehl
Distelöl
Dornhai (Seeaal, Schillerlocken)
Dorsch
Dulse (Lappentang)
Eibisch (Hibiscus)
Eisbergsalat
Endiviensalat
Entenei
Enzianwurzel
Erbse, grün
Erbsen
Erdbeere
Erdbeermarmelade
Erdbeersaftgetränk
Essig (Apfelessig)
Essig (Rotweinessig)
Essig Aceto Balsamico
Essig Aceto Balsamico weiss
Essiggurke
Estragon
Färberdiestel (Hong Hua)
Färberginsterkraut
Feige
Feige getrocknet
Feldsalat
Fenchel
Fenchelsamen gemahlen
Fencheltee
Fischstücke gemischt (Süßwasser)
Flaschenkürbis
Flohsamen
Flunder
Forelle
Frischkäse aus Soja
Früchtetee
Fruchtzucker (Fruktose,
Traubenzucker)

Gagelpflaume
Galgant
Gänseblümchen
Garam Masala Pulver
Gelee Royal
Gemüsesaft
Gerste
Gerste (Nacktgerste)
Gerste (Perlgerste)
Gerstengras Pulver
Gerstengraupen
Gerstengrütze
Gerstenmalz
Gerstenmehl
Getreidekaffee
Ginkgofrucht
Ginsengwurzel
Glühweingewürzmischung
Granatapfel
Grapefruit getrocknete Schale
Grapefruit/Pampelmuse/Pomelo
Grapefruitsaft
Graskarpfen
Grundrezept für eine Gemüsebrühe
nahrhaft
Grünkern
Guave
Gurke
Gurke (bitter)
Gurke (Gewürzgurke)
Hafer
Hafer Flocken (Vollkorn)
Hafer Flocken geröstet
Hafer Mehl
Hafer Milch
Hafer Schmelzlocken (Babynahrung)
Hafer Schrot
Hagebutte
Hagebuttentee
Hefe
Heidelbeere
Heidelbeere getrocknet
Heidelbeermarmelade
Heidelbeersaft
Hibiskustee
Hijiki
Himbeerblättertee
Himbeere
Himbeere getrocknet (unreife)
Himbeermarmelade
Hiobsträne (Samen) YiYi Ren
Hirse
Hirseflocken
Hokkaidokürbis

Holunderbeeren
Honig
Honigmelone
Hopfen
Ingwer frisch
Ingwer Pulver
Ingweröl
Jakobstränen
Jasminblütentee
Joghurt (natur, 1,5 % Fett)
Joghurt (natur, 3,5 % Fett)
Johannisbeermarmelade (rot)
Johannisbeermarmelade (schwarz)
Johannisbeernektar (schwarz)
Johannisbrotkernmehl
Kaffee
Kaffeeweißer
Kaki-Pflaume
Kaktusfeige
Kalmus
Kamille
Kapuzinerkresse
Karambole/Sternfrucht
Karausche
Kardamom
Karotte (Frühkarotte)
Karotte (Mohrrübe, Möhre)
Karottensaft ohne Zucker
Kartoffel
Kartoffel (mehlige)
Kartoffelmehl
Käsepappeltee
Kastanien (Maronen)
Kerbel
Kerbel getrocknet
Kichererbsen
Kirsche
Kirsche (sauer)
Kirschenkompott
Kirschsaft
Kiwi
Klementine
Klettenwurzeltee
Knäckebrot
Knoblauch
Kohlrabi
Kokosfett
Kokosflocken
Kokosmilch
Kokosnussfleisch
Kokosraspeln
Kombualge
Kompott (Früchte der Saison)
Kopfsalat

Koriander
Koriandergrün
Korinthen (rot)
Korinthen (schwarz)
Kräuter bittere
Kräuter der Provence
Kräuter verschiedene
Kräuter Wildkräuter
Kräuterteemischung
Kresse
Kuhmilch (1,5 % Fett)
Kuhmilch (Vollmilch 3,5 % Fett)
Kukichatee
Kümmel
Kümmel gemahlen
Kumquat
Kürbis
Kürbiskerne
Kürbiskernöl
Kurkuma (Gelbwurz)
Kuzu
Lachs
Lauch (Porree)
Lauchzwiebel Schnittlauch
Laugengebäck
Lavendelblüten
Leberglättertee
Leinöl
Leinsamen
Leinsamen (geschrotet)
Liebstöckel
Liebstöckelsamen
Limabohnen
Lindenblütentee
Longane
Loquate/Japanische Mispel
Lorbeerblatt
Lotossamen
Lotoswurzeln
Löwenzahn (junger)
Löwenzahnsaft
Löwenzahnwurzeltee
Luohan-Frucht
Lychee
Magermilchpulver
Mais
Mais (geröstet)
Mais (Schnellpolenta)
Mais Gries (Polenta)
Mais Mehl (Maizena)
Maishaartee
Maiskeimöl
Maisstärke
Majoran

Makannastern Samen
Malventee
Malz
Mandarine
Mandelmilch
Mandelmus
Mandeln
Mandeln Marzipan
Mango
Mangopulver
Mangosaft
Maniokmehl
Marillen
Marillensaft
Maulbeerfrucht
Meeräsche
Mehrkornbrot (Graubrot)
Melisse
Mirabelle
Mixed Pickels
Mohn
Molke
Moosbeere
Morchel (schwarz, getrocknet)
Mu-Erh-Pilz
Mungbohne
Mungbohnensprossen
Muskatnuss
Müsli
Nachtkerzenöl
Nektarine
Nelke
Nori, Purpurtang, Rotalge
Nudeln (Vollkorn) mit Ei
Nudeln (Weizen) mit Ei
Nudeln (Weizen, Bandnudeln) mit Ei
Nudeln (Weizen, Lasagneblätter) mit Ei
Nudeln (Weizen, Spagetti) mit Ei
Obstmischung Fruchtsaft
Odermennig
Okra
Oliven
Oliven grün
Olivenöl
Orange
Orange abgeriebene Schale
Orange getrocknete Schale
Orange Schale
Orangenblüten
Orangenmarmelade
Orangensaft
Oregano frisch
Oregano getrocknet
Palmöl

Papaya
Paprika
Paprika (Rosenpaprikapulver)
Paprika (süß)
Passionsblumenblütentee
Passionsfrucht (Maracuja)
Pastinake
Peperoni
Peperoni, gelb, entkernt, halbiert
Peperoni, rot, entkernt, halbiert
Petersilie
Petersilienwurzel
Pfeffer Cayenne
Pfeffer Körner
Pfeffer weiss (gemahlen)
Pfefferminze
Pfefferminztee
Pfeilwurzelmehl
Pfifferlinge/Eierschwammerl
Pfirsich
Pfirsich (Dose)
Pflaume
Pflaume getrocknet
Piment
Pinienkerne
Pintobohnen gesprenkelt
Pistazien
Puddingpulver Vanille
Pumpernickel
Quinoa
Quitte
Radicchio
Radieschen
Rapsöl
Reineclaude
Reis Basmatireis
Reis Duftreis
Reis Gaoliangreis (Sorghum)
Reis Klebreis
Reis Langkornreis
Reis Reisschleim
Reis Roter
Reis Rundkornreis
Reis Schwarzer
Reis Sorte beliebig
Reis Süßer
Reis Vollkorn
Reis Wilder (Naturreis)
Reishi
Reismalz
Reismehl
Reisnudeln
Reisstärke
Rettich (weiß, grün, lila-rot)

Rettich Meerrettich (Kren)
Rettich schwarz
Rettichblätter (vom Wochenmarkt)
Roggen
Roggen Vollkornbrot
Roggenmehl
Römersalat/Lattich-Salat
Rosenblättertee
Rosenblütentee
Rosenkohl
Rosinen
Rosmarin
Rote Grütze (ohne Zucker)
Rotkohl
Safran
Sago (Getreide)
Sahne sauer 10%
Sake
Salbei
Sanddorn
Sauerampfer
Sauerkirsche
Sauerkraut
Sauermilch
Sauerrahm 15% Fett
Sauerteig
Schafgarbe
Schafgarbentee
Schlehdorn
Schnecke
Scholle
Schwarzer Fungu Pilz
Schwarzkümmel
Schwarzwurzel
Schwedenkraut (Schwedenbitter)
Seegurke
Sellerie Knolle
Sellerie Stangensellerie
Senf
Senf Dijon
Senf mittelscharf
Senf süß
Senfsamen
Sesam Paste (Tahini)
Sesam, Schwarzer
Sesam, Weißer
Sesamöl
Sesamöl geröstet
Shiitake, getrocknet
Silbermorchel, getrocknet
Sonnenblumenkerne
Sonnenblumenöl
Spargel (grün oder weiß)
Speiserüben

Spitzwegerichtee
Stachelbeere
Steinpilz/Herrenpilz
Stevia (Süßkraut)
Stutenmilch
Süßholzwurzeltee
Süßkartoffel
Tabasco
Teemischung Harnsäuresenkend
Thymian
Thymian getrocknet
Toastbrot (Vollkorn)
Tomate
Tomate getrocknet
Tomatenmark
Tomatenpüre
Tomatensaft
Tonicwasser
Trauben rot
Trauben weiß
Traubenkernöl
Traubensaft rot
Traubensaft weiß
Trüffel
Tsampa (geröstetes Gerstenmehl)
Umeboshipaste
Umeboshipflaumen (Japanaprikosen)
Vanille
Vanillepulver
Vanilleschote
Vanillezucker natur
Vogelmiere
Vogerlsalat (Pflücksalat)
Vollkornbrot
Vollkornbrot mit ganzen Körner
Vollkornmehl
Wacholderbeere
Wachskürbis
Wakame
Walderdbeeren
Walnussöl
Wasser
Wasser heiss
Wassermelone
Weißbrot (Weizenbrot)
Weißbrot Baguette
Weißbrot Brösel (Weizenbrot)
Weißbrot Knödelbrot (Weizenbrot)
Weißbrot Salzstangerl
Weißbrot Semmel
Weißdorn
Weißfischchen
Weißkohl/Weißkraut
Weißwurz

Weizen
Weizen Bulgurweizen
Weizen Fladenbrot
Weizen Flocken
Weizen Gras Pulver
Weizen Gries
Weizen Gries - Kindergries
Weizen Mehl
Weizen Mehl Vollkorn
Weizen/Roggen Grau- Schwarzbrot mit
Hefe
Weizengrassaft
Weizenkeimöl
Weizenkleie
Wermutkraut
Wildkräuter
Wirsing/Grünkohl
Yamswurzel, Yamswurzelknolle
Yogitee
Ysop
Zimtpulver
Zimtstange
Zitrone
Zitrone Saft

Zitrone Schale
Zitrone, Limette
Zitronengras
Zitronenmelisse (frisch)
Zitronenmelisse (getrocknet)
Zucchini
Zucker (Staubzucker)
Zucker (weiß, aus Rüben)
Zucker braun
Zucker Fructose Fruchtzucker
Zucker Glukose Traubenzucker
Zucker Kandis weiß
Zucker Melasse
Zucker Milchzucker
Zucker Palmzucker
Zucker Ursüße (Zuckerrohr) süß
Zuckerersatz (Süßstoff)
Zwetschken
Zwieback
Zwiebel Frühlingszwiebel
Zwiebel rot
Zwiebel Schalotte
Zwiebel weissx

4.3 Zutaten verwenden: wenig

Aal
Aal geräuchert
Ananas (aus der Dose)
Bratöl
Brie
Butter (halbfett)
Butter Bio
Buttermilch
Calamari
Camembert
Cashewnüsse
Colagetränk
Colagetränk (kalorienarm)
Creme fraiche
Edamer
Eibennuss
Emmentaler
Ente (Frühmastente, schlachtfrisch)
Ente (Herz)
Erdnuss (geröstet)
Erdnussöl
Fasan
Fernet Branca (Kräuterbitterlikör)
Feta
Fisch Innereien
Fischreste
Fischsouce

Forelle (geräuchert)
Frischkäse
Frischkäse mit Kräuter
Gans
Gans (Gänseklein)
Gans (Gänseschmalz)
Gänseblut
Gänseei
Garnele
Gelatine weiss
Ginsenglikör
Gorgonzola
Gouda
Haifisch
Hammel
Hase
Hase, wild
Haselnüsse
Heilbutt
Hering
Hirsch Fleisch
Hirsch Knochen
Hirsch Nieren
Honigwein (Met)
Huhn Blut
Huhn Ei
Huhn Eigelb

Huhn Eiweiß
Huhn Fleisch
Huhn Herz
Huhn Leber
Huhn Magen
Hummer
Hüttenkäse
Kabeljau
Kakao
Kaninchen Fleisch
Kaninchen Leber
Kapern (eingelegt)
Karpfen
Kaviar
Kefir
Kohlrübe
Krabbe
Krake
Lamm Fleisch
Lamm Knochen
Lamm Leber
Lamm Nieren
Lamm Schulter
Languste
Linsen (Helmbohnen)
Linsen gelb
Linsen rot
Linsen schwarz
Löffelbiskuit
Lychee (Konserve)
Lycheelikör
Makrele
Malzbier
Margarine
Margarine (Diät)
Martini
Mayonnaise 50%
Mayonnaise 80%
Meereskrebs
Miesmuscheln
Mineralwasser
Miso
Miso schwarz (fermentiert)
Mispel
Mittelmeerfisch (Kabeljau, Scholle,
Schellfisch, Seeaal, Makrele)
Mozzarella
Nierenbohnen (rote)
Paranuss
Parmesan
Pferd Fleisch
Prosecco
Pute Brustfleisch
Pute Schinken

Qualle
Quargel 20%
Reh Fleisch
Rind (Kalb)
Rind Filet
Rind Fleisch
Rind Fleischknochen
Rind Herz
Rind Herz (Kalb)
Rind Knochenmark
Rind Leber
Rind Lunge (Kalb)
Rind Magen
Rind Niere
Rind Ochsenschwanzstücke
Rind Suppenfleisch
Rotbarsch
Rum
Sahne sauer 20%
Sahne sauer 30%
Sahne, süß 30%
Salz
Salz Kräutersalz
Sardellen/Sardine
Saubohnen (Dicke Bohnen)
Schaffleisch
Schafmilch Joghurt
Schafskäse
Schafsmilch
Schimmelkäse
Schmelzkäse 12%
Schmelzkäse 30%
Schnaps
Schokolade
Schokolade (Diabetiker)
Schwarzaugenbohnen
Schwarze Bohnen
Schwein Blut
Schwein Bratwurst
Schwein Darm
Schwein Fett
Schwein Fleisch
Schwein Haut
Schwein Haxe (Eisbein)
Schwein Herz
Schwein Hirn
Schwein Leber
Schwein Lunge
Schwein Magen
Schwein Markknochen
(Röhrenknochen)
Schwein Mettwurst
Schwein Nieren
Schwein Schinken

Schwein Schinken gekocht
Schwein Schinken geselcht
Schwein Schinkenspeck
Schwein Schmalz
Sherry
Shrimps
Soja Cuisine (Soja-Sahne)
Soja Tofu
Soja Tofu geräuchert
Sojabohne
Sojabohnen, Gelbe
Sojabohnen, Schwarze
Sojabohnen, Schwarze, fermentiert
Sojabohnenmilch
Sojacreme
Sojamehl
Soja-Nudeln
Sojaöl
Sojapaste (Miso)
Sojasauce
Stangenbohnen (Fisolen)
Süßwasserfisch
Süßwasserkrebs

Taube
Taube Ei
Thunfisch
Tintenfisch
Topfen (Quark) 20%
Topfen (Quark) 40%
Wachtel
Wachtel Ei
Walnüsse
Walnüsse geröstet
Weiße Bohnen
Weißwein
Weizen Bier
Wermut
Wildschwein Fleisch
Ziege
Ziegen- und Schafsblut
Ziegen- und Schafshirn
Ziegen- und Schafsleber
Ziegen- und Schafsmagen
Ziegen- und Schafsmilch
Ziegenkäse

4.4 Kontraindikativ wirkende Lebensmittel nicht verwenden

Astronautenkost
Bier (alkoholarm)
Bier (alkoholfrei)
Bier (Altbier)
Bier (Pils)
Bitterlikör
Butterschmalz
Campari
Erdnussbutter

Erdnüsse
Grüner Tee
Mangold
Rhabarber
Rote Rübe
Rotwein
Schwarztee
Spinat

5 Komplementär

5.1 Dekokt (Abkochung)

5.1.1 Holunder (Blüten)

Fördert Wasserlassen.
2 – 3 TL getrocknete Blüten in 150ml kochendes Wasser geben, zugedeckt 3 – 5 Min. ziehen lassen. Abseihen und möglichst heiß trinken. Tropfen, die sich im Deckel gesammelt haben in den Tee geben, denn auch hier befinden sich wertvolle Inhaltsstoffe.

5.2 Heil-Tee (Aufguss)

5.2.1 Birkenblätter

Dieser Tee ist harntreibend und hilft bei Nierenleiden, Wassersucht, Gicht und reinigt das Blut, hilft zudem bei bakteriellen und entzündlichen Harnwegserkrankungen, Nierengrieß und rheumatischen Beschwerden.
2 EL zerkleinerte Birkenblätter mit 250 ml kochendem Wasser übergießen, 10 Minuten ziehen lassen. Danach absieben.
Trinken Sie davon eine Tasse pro Tag.

5.2.2 Granatapfelschale

Beruhigt Darm, bakterizid, löst Gallen-, Nieren- und Blasensteine.
3-10 g

5.2.3 Maisbart

Unterstützt das Wasserlassen, entspannt die Venen, reduziert Blutzucker.
10-30 g

5.2.4 Rooibos

Antioxidativ, entzündungshemmend, krebshemmend, schützt durch enthaltene Flavonoide, positive Wirkung auch auf Alzheimer, Arteriosklerose. Antiallergisch, hemmt die Histaminausschüttung. Antibakteriell, antiviral, antifungal, entgiftend (basisch).
3-4 Teelöffel Rooibos mit einem Liter kochendem Wasser überbrühen und 6-10 Min. ziehen lassen. Bei weichem Wasser benötigen Sie weniger Tee für die Zubereitung, bei härterem Wasser empfehlen wir eine höhere Dosierung.

5.3 Verschiedene Möglichkeiten

5.3.1 Alang-Alang-Graswurzelstock – Bai Mao Gen

Reduziert Blutungen, kühlt bei Fieber, unterstützt das Wasserlassen, lindert Hautausschläge
15-30 g
In der Traditionellen Chinesischen Medizin (TCM) wird der Alang-Alang-Graswurzelstock als ein das Xue (Blut) regulierendes, blutstillendes und kühlendes Arzneimittel verwendet.

5.3.2 Brennnessel Wurzel

Stabilisiert Harnverhalten. Gut gegen Rheuma und Gicht

5.3.3 Meerrettich

Gut gegen Allergien, Stirnhöhleninfektionen, Nieren - u. Blaseninfektion, Bronchitis, Rheuma, Kopf - u. Zahnschmerzen.
Wirkstoffe: Senföl, Glykoside, Gluconasturtiin, Sinigrin, Vitamin C, Kalium
Zuviel kann zu Reizungen im Magen - Darm u. Niere führen.

6 Grundlagen der Ernährung

Die hier beschriebenen Grundlagen der Ernährung zeigen allgemeine Empfehlungen und beziehen sich nicht auf eine spezielle Therapieform. Die Empfehlungen der Therapie haben Vorrang.

6.1 Ernährung

Die regelmäßige Einnahme von Mahlzeiten in entspannter Atmosphäre. Ein wärmendes Frühstück gilt als guter Start in den Tag. Mittags sollte die Hauptmahlzeit stattfinden - das Abendessen am frühen Abend.

Die Beachtung von Hunger- und Sättigungsgefühlen: Nicht überessen und nicht hungern, so lautet die Regel.

Die frische Zubereitung der Speisen aus naturbelassenen, regionalen Produkten. Tiefgekühlte, hitzekonservierte, industriell vorgefertigte oder mikrowellengegarte Lebensmittel werden gemieden.

Die Auswahl von Lebensmittel nach der Jahreszeit: Im Sommer mehr kühlende Nahrung, im Winter mehr wärmende Nahrung.

Mindestens zweimal am Tag Gekochtes essen. Speisen und Getränke sollen möglichst handwarm, niemals eiskalt oder heiß sein.

Rohkost, kurz gegartes Gemüse, frisch gepresste Säfte und Mineralwasser werden üblicherweise nicht empfohlen. Milch und Milchprodukte stehen nur dann auf dem Speiseplan, wenn sie problemlos vertragen werden.

Therapeutische Rezepte nicht über einen längeren Zeitraum ohne Rücksprache mit dem Arzt oder Therapeuten einnehmen.

1. Vielseitig essen

Lebensmittelvielfalt genießen. Merkmale einer ausgewogenen Ernährung sind abwechslungsreiche Auswahl, geeignete Kombination und angemessene Menge nährstoffreicher und energiearmer Lebensmittel. (Einerseits Schutz vor Unterversorgung mit essentiellen Nährstoffen und andererseits Schutz vor einer überhöhten Zufuhr unerwünschter Inhaltsstoffe.)

2. Reichlich Getreideprodukte - und Kartoffeln

Brot, Nudeln, Reis, Getreideflocken (am besten aus Vollkorn), sowie

Kartoffeln enthalten kaum Fett, aber reichlich Vitamine, Mineralstoffe, Spurenelemente sowie Ballaststoffe und sekundäre Pflanzenstoffe. Diese Lebensmittel sollten mit möglichst fettarmen Zutaten verzehrt werden.

3. Gemüse und Obst - Nimm "5" am Tag ...
5 Portionen Gemüse und Obst am Tag, möglichst frisch, nur kurz gegart, oder auch eine Portion als Saft – idealerweise zu jeder Hauptmahlzeit und auch als Zwischenmahlzeit: Damit werden reichlich Vitamine, Mineralstoffe sowie Ballaststoffe und sekundären Pflanzenstoffe (z.B. Carotinoiden, Flavonoiden) zugeführt. Das Beste, was man für die eigene Gesundheit tun kann.

4. Täglich Milch und Milchprodukte, ein- bis zweimal in der Woche
Fisch; Fleisch, Wurstwaren sowie Eier in Maßen. Diese Lebensmittel enthalten wertvolle Nährstoffe, wie z.B. Calcium in Milch, Jod, Selen und Omega-3-Fettsäuren in Seefisch. Fleisch ist wegen des hohen Beitrags an verfügbarem Eisen und an den Vitaminen B1, B6 und B12 vorteilhaft. Mengen von 300 - 600 g Fleisch und Wurst pro Woche reichen hierfür aus. Fettarme Produkte bevorzugen, vor allem bei Fleischerzeugnissen und Milchprodukten.

5. Wenig Fett und fettreiche Lebensmittel
Fett liefert lebensnotwendige (essenzielle) Fettsäuren und fetthaltige Lebensmittel enthalten auch fettlösliche Vitamine. Fett ist besonders energiereich, daher kann zu viel Nahrungsfett Übergewicht fördern, möglicherweise auch Krebs. Zu viele gesättigte Fettsäuren fördern langfristig die Entstehung von Herz-Kreislauf-Krankheiten. Pflanzliche Öle und Fette bevorzugen (z.B. Raps-, Oliven- und Sojaöl und daraus hergestellte Streichfette). Auf unsichtbares Fett achten, das in Fleischerzeugnissen, Milchprodukten, Gebäck und Süßwaren sowie in Fast-Food- und Fertigprodukten meist enthalten ist. Insgesamt 70 - 90 Gramm Fett pro Tag reichen aus.

6. Zucker und Salz in Maßen
Nur gelegentlich Zucker und Lebensmittel, bzw. Getränke verzehren, die mit verschiedenen Zuckerarten (z.B. Glucose Sirup) hergestellt wurden. Kreativ mit Kräutern und Gewürzen und wenig Salz würzen. Jodiertes Speisesalz bevorzugen.

7. Reichlich Flüssigkeit
Wasser ist absolut lebensnotwendig. Jeden Tag rund 1-2 Liter Flüssigkeit trinken. Wasser (ohne oder mit Kohlensäure) und andere kalorienarme Getränke bevorzugen. Alkoholische Getränke sollten nicht konsumiert

werden.

8. Schmackhaft und schonend zubereiten
Die jeweiligen Speisen bei möglichst niedrigen Temperaturen garen, soweit es geht kurz, mit wenig Wasser und wenig Fett - das erhält den natürlichen Geschmack, schont die Nährstoffe und verhindert die Bildung schädlicher Verbindungen.

9. Sich Zeit nehmen und das Essen genießen
Bewusstes Essen hilft, richtig zu essen. Auch das Auge isst mit. Sich beim Essen Zeit lassen. Das macht Spaß, regt an, vielseitig zuzugreifen und fördert das Sättigungsempfinden.

10. Auf das Gewicht achten und in Bewegung
Ausgewogene Ernährung, viel körperliche Bewegung und Sport (30 bis 60 Minuten pro Tag) gehören zusammen. Mit dem richtigen Körpergewicht fühlt man sich wohl und fördert die Gesundheit.
Thermik, Wirkrichtung, Verdauungskraft
Es gibt unterschiedliche Kriterien, die Wirksamkeit von Kräutern und Lebensmittel zu beurteilen. Der Einsatz der Kräuter und Zutaten basiert auf Beobachtung, was die Lebensmittel, Kräuter und Gewürze nach ihrem Verzehr im Körper bewirken. In der Medizin hat sich daraus folgendes System entwickelt: Jede Zutat oder Kraut hat eine Wirkrichtung. Außerdem gibt es noch Kräuter, die eine besondere Wirkung auf bestimmte Organe haben.

Voraussetzung für einen gesunden Stoffwechsel ist es, darauf zu achten, dass wir ausreichend Energie aus der Nahrung gewinnen und der Verdauungsprozess so wenig Energie wie möglich verbraucht. Eine bekömmliche Mahlzeit macht zufrieden und satt, verursacht keine Blähungen und keine Müdigkeit nach dem Essen. Richtiges Würzen erhöht die Bekömmlichkeit unserer Speisen. Es genügen oft schon geringe Mengen an Kräutern und Gewürzen. Sie dienen nicht dazu, uns satt zu machen, sondern helfen unseren Verdauungsorganen, die Nahrung zu verdauen.

6.2 Rezepte

Die Rezepte zeigen Ihnen welche Zutaten verwendet werden sowie mit der Kochanleitung wie diese zubereitet werden. Bei den Zutaten wird neben den Mengenangaben auch die Wichtigkeit für die Therapie angezeigt. Wenn dabei angezeigt wird "weniger als angegeben" versuchen Sie diese Empfehlung einzuhalten oder eine Alternative aus der Liste der "Empfohlenen Lebensmittel" zu finden. Meistens ist es nur eine leichte geschmackliche Änderung wenn Sie diese Zutat gänzlich weglassen.

Schonende Kochmethoden: Kochen, dämpfen, pochieren, dünsten
Scharfe Kochmethoden: Grillen, rösten, anbraten, räuchern
Ausgeglichene Kochmethoden: Frittieren, Römertopf

Auf das Einfrieren und erwärmen in der Mikrowelle sollte verzichtet werden (Denaturierung).

6.3 Lebensmittel

Lebensmittel wirken wie Heilkräuter auf Körper und Geist, nur wesentlich sanfter. Die Ernährungsberatung stützt sich hauptsächlich auf heimische Lebensmittel. Das Wissen über die Wirkungsweisen jedes einzelnen Lebensmittels und das Wissen wann welche Lebensmittel zur Anwendung kommen, entstammt der Schulmedizin. Verwende Sie möglichst Erzeugnisse aus ökologischen-biologischem Landbau.

Da wegen der besseren Verdaulichkeit grundsätzlich alles lange gekocht und kaum roh gegessen wird, ist die Verträglichkeit hervorragend.

Die Einteilung der Lebensmittel entsprechend ihrer Wirkung auf den Körper und bildet die Basis, um einen ausgewogenen und harmonischen Gesundheitszustand im Körper zu erreichen.

Grundsätzlich empfiehlt die Ernährungsberatung keine bestimmten Lebensmittel für Jedermann. Ausschlaggebend für den individuellen Speiseplan ist vor allem die persönliche Konstitution.

Kaufen Sie nur frisches und reifes Obst und Gemüse ein. Braune Stellen, welke Blätter aber auch unreifes Obst und Gemüse sollten Sie im Supermarkt zurücklassen. Greifen Sie dann zu Tiefkühlware (keine Fertiggerichte!). Tiefkühlobst und -gemüse werden kurz nach dem Ernten schockgefroren und enthalten deshalb oftmals mehr Vitamine und Mineralstoffe, als die Ware aus der Obst- und Gemüsetheke! Konserven- und Dosenware dagegen enthält wesentlich weniger Biostoffe. Zudem werden Letztere meist mit Salz, Zucker usw. angereichert. Lassen Sie die Zutaten nach dem Waschen nie im Wasser liegen, denn so gehen viele Vitalstoffe ins Wasser über! Putzen Sie Salate, Früchte und Gemüse erst unmittelbar vor Verzehr.

Beachten Sie bitte die hygienische Verarbeitung der Lebensmittel. Waschen Sie Ihre Salate, Früchte und Gemüse gründlich. Bei Gerichten mit Fleisch bereiten Sie zuerst die Zutaten vor und verarbeiten dann die Fleischprodukte. Reinigen Sie danach die Arbeitsflächen und Werkzeuge besonders gründlich. Holzunterlagen sollten regelmäßig mit leichtem Desinfektionsmittel behandelt werden um die Keimbildung einzuschränken.

Bewahren Sie Obst und Gemüse möglichst getrennt voneinander auf. Auch geerntete Früchte und Gemüse leben und strömen z.B. Ethylengas aus, das andere Sorten schneller reifen und altern lässt. Fleisch und Fisch in der verschlossenen Verpackung lassen oder in luftdichten Boxen im Kühlschrank aufbewahren.

6.4 Kräuter

Bei der Aufbewahrung und Lagerung von Heilkräutern, müssen gewisse Grundregeln beachtet werden. Grundsätzlich müssen Heilkräuter geschützt vor direkter Sonneneinstrahlung, vor Feuchtigkeit und vor heißen Temperaturen gelagert werden.

Als Gefäße für die Lagerung von Heilkräutern können Gläser, Keramik-Behälter und zur Not auch Plastik-Dosen eingesetzt werden. Plastik ist aber ein sehr unreines Material und sollte daher wirklich nur eine kurzfristige Notlösung sein. Bei Glasbehältern ist darauf zu achten, dass dunkles Glas verwendet wird.

Heilkräuter können nicht beliebig lange aufbewahrt werden. Die Haltbarkeit von Heilkräutern ist auf jeden Fall begrenzt. Durch die Haltbarkeitsdauer kann durch sachgerechte Lagerung wesentlich erhöht werden. So soll der Lagerplatz dunkel, eher kühl und absolut trocken sein. Ein Medizinschrank aus Holz, der nicht direkt bei einer Wärmequelle platziert ist wäre ideal. Um Ihre Heilkräuter nicht wegwerfen zu müssen, kaufen Sie nicht zu große Mengen an Heilpflanzen. Beschriften Sie die Behälter mit dem Namen des Heilkrauts und dem Datum der Ernte bzw. der Verarbeitung.

7   Weitere Ernährungsvorschläge

Folgende Syndrome der Diätetik, der TCM oder als Therapieergänzung bei Krebs sind verfügbar.

DIÄTETIK
1. Ernährung des Säuglings - Beikost
2. Ernährung in der Stillzeit
3. Ernährung im Alter
4. Ernährung von Kindern und Jugendlichen
5. Ernährung von Sportlern
6. Leichte Vollkost
7. Schwangerschaft
8. Vollkost

Eiweiß und Elektrolyt – Nieren
9. (Hämo-)Dialysebehandlung
10. Akutes Nierenversagen
11. Chronische Niereninsuffizienz
12. Nephrotisches Syndrom
13. Nierensteine (Nephrolithiasis)

Gastrointestinaltrakt - Bauchspeicheldrüse
14. Akute Pankreatitis (Entzündung der Bauchspeicheldrüse)
15. Chronische Pankreatitis (Entzündung der Bauchspeicheldrüse)

Gastrointestinaltrakt - Dünndarm und Dickdarm
16. Akute Obstipation (Verstopfung)
17. Chronische Obstipation (Verstopfung)
18. Colon irritabile
19. Divertikulitis
20. Erworbene Laktoseintoleranz (Laktosemalabsorption)
21. Fruktosemalabsorption
22. Glutensensitive Enteropathie (Zöliakie)
23. Kolektomie
24. Kurzdarmsyndrom

Gastrointestinaltrakt - Leber, Gallenblase, Gallenwege
25. Akute und chronische Hepatitis (Entzündung der Leber)
26. Cholelithiasis (Gallensteine)
27. Fettleber
28. Leberzirrhose

Gastrointestinaltrakt - Magen und Zwölffingerdarm
29. Akute Gastritis
30. Chronische Gastritis
31. Magenblutung
32. Ulcus ventriculi und Ulcus duodeni
33. Zustand nach Magenoperation

Gastrointestinaltrakt - Mundhöhle und Speiseröhre
34. Mundschleimhautentzündung
35. Ösophaguskarzinom (Speiseröhrenkrebs)
36. Reflüxösophagitis (Sodbrennen)

spezielle Krankheiten
37. Phenylketonurie (PKU)
38. Rheumatische Gelenkserkrankungen

Stoffwechsel
39. Adipositas (Übergewicht)
40. Diabetes mellitus
41. Essstörungen (Untergewicht)
Fettstoffwechsel
42. Hypercholesterinämie (erhöhter Cholesterinspiegel)
43. Hepatische Enzephalopathie
Herz- und Kreislauf
44. Arteriosklerose (Arterienverkalkung)
45. Herzinsuffizienz
46. Hypertonie (Bluthochdruck)
47. Hyperurikämie und Gicht
veränderter Nährstoffbedarf
48. bei Fieber
49. bei malignen Erkrankungen
50. nach Verbrennungen
51. Strahlen- und Chemotherapie

KREBS
100. Bauchspeicheldrüse
101. Blasenkrebs
102. Blutkrebs (Leukämie)
103. Brustkrebs
104. Darmkrebs
105. Magenkrebs
106. Nierenkrebs
107. Speiseröhrenkrebs

TCM
200. Blase - Feuchte Hitze in der Blase
201. Blase - Feuchtigkeit und Kälte in der Blase
202. Blase - Leere und Kälte in der Blase
203. Dickdarm - äussere Kälte befällt den Dickdarm
204. Dickdarm - Feuchte Hitze im Dickdarm
205. Dickdarm - Hitze blockiert den Dickdarm II akut
206. Dickdarm - Trockenheit des Dickdarms
207. Dickdarm - Yang Mangel (Kälte)
208. Herz - Blut Mangel
209. Herz - Blut Stagnation
210. Herz - Feuer
211. Herz - Heisser Schleim verstopft die Herzporen
212. Herz - Kalter Schleim verstopft die Herzporen
213. Herz - Qi Mangel
214. Herz - Yang Mangel
215. Herz - Yin Mangel
216. Leber - aufsteigender Leber-Yang
217. Leber - Blut-Mangel
218. Leber - Blut-Stagnation
219. Leber - feuchte Hitze in Leber und Gallenblase
220. Leber - Feuer
221. Leber - Gallenblase Qi-Leere
222. Leber - Kälte im Lebermeridian
223. Leber - Qi-Stagnation

224. Leber - Wind
225. Leber - Wind mit aufsteigendem Leber Yang
226. Leber - Wind mit Blutleere
227. Leber - Wind mit extremer Hitze
228. Lunge - Qi Mangel
229. Lunge - Schleim-Feuchtigkeit in der Lunge
230. Lunge - Schleim-Hitze in der Lunge
231. Lunge - Schleim-Kälte in der Lunge
232. Lunge - Trockenheit der Lunge
233. Lunge - Wind-Hitze befällt die Lunge
234. Lunge - Wind-Kälte befällt die Lunge
235. Lunge - Yin Mangel
236. Magen - Blutstagnation
237. Magen - Feuer
238. Magen - Magenkälte mit Flüssigkeit
239. Magen - Nahrungsstagnation
240. Magen - Qi Mangel
241. Magen - rebellierendes Magen Qi
242. Magen - Yin Leere
243. Milz - Hitze und Feuchtigkeit befällt die Milz
244. Milz - Kälte und Feuchtigkeit befällt die Milz
245. Milz - Qi Mangel
246. Milz - Qi Mangel + Absinkendes MilzQi
247. Milz - Qi Mangel + Milz kontrolliert das Blut nicht
248. Milz - Yang Mangel
249. Niere - Herz und Niere kommunizieren nicht mehr
250. Niere - Jing Mangel
251. Niere - Nieren können das Qi nicht empfangen
252. Niere - Qi ist nicht fest
253. Niere - Yang Mangel
254. Niere - Yin Mangel